『藤原正遠講話集』

第二巻

法藏館

大正10年頃　朝倉中学校時代

昭和36年（56歳）

藤原正遠講話集　第三巻　目次

昭和五十一年（一九七六年）

助かるということ……3
往還二廻向について……7
前念命終、後念即生……11
摂取不捨のご利益……15
清沢満之師に教えられること……19

昭和五十二年（一九七七年）

煩悩菩薩体無二—清沢師の鏡に照らされて……25
この世・あの世……29
お念仏の橋渡し—唯除五逆誹謗正法について……33
宿縁のご恩徳……38
逃避について……42
鮒の小骨……46

目　次

昭和五十三年（一九七八年）
人身を法身に変身させてくださるお念仏……51
無縁の大悲……55
三　悲……59
怨み怨まれそのままに……63
昭和五十四年（一九七九年）
後世を知るを智者とす……67
在家仏教と出家仏教……71
摂取の大悲……75
南瓜と西瓜の話……79
弥陀の掌中……83
昭和五十五年（一九八〇年）
念仏は無礙の一道なり……89

下根の凡夫信ずればたすかる……93
自信教人信……97
念仏無間とは……101
昭和五十六年（一九八一年）
必至滅度の願成就……107
問題は一切私にある……111
法身の光輪きわもなし……115
不足もお手の中……119
お念仏が出るようになった……123
一念喜愛の心……127
昭和五十七年（一九八二年）
弥陀の誓願不思議……133
如来の作願……137

弥陀廻向のみ名……141
自然他力・本願他力……145

昭和五十八年（一九八三年）

果遂の誓……151
業報にさしまかせて……155
的なしの聴聞……158

昭和五十九年（一九八四年）

身も南無阿弥陀仏　心も南無阿弥陀仏……163
一　心……166
等正覚……170
摂取不捨の大悲……174
南無阿弥陀仏に私を放り込め……177

藤原正遠師を想う

信の風光―藤原正遠師のこと……金光寿郎 183
父を偲ぶ―念仏に生かされた人……三上正廣 195
正遠先生と「あや雲の会」……原 寛孝 203
地獄の下の阿弥陀さま……谷 栄子 211
一期一会の握手……助田小芳 217

#「藤原正遠師を想う」執筆者

第一巻　正信偈

序　藤原正遠師の思想と信仰　池田勇諦

大法界を思うがままに　楠　達也

藤原正遠師と佐々真利子さん　藤原正寿

第二巻　法　話

藤原正遠師と共に歩んで　藤原利枝

はじめての正遠先生　柳沢　良

正遠先生、そして一ツ屋のこと　黒田　進

第三巻　法　爾一

信の風光―藤原正遠師のこと　金光寿郎

父を偲ぶ―念仏に生かされた人　三上正廣

正遠先生と「あや雲の会」　原　寛孝

地獄の下の阿弥陀さま　谷　栄子

一期一会の握手　助田小芳

第四巻　法　爾二

藤原正遠師と坂東報恩寺　坂東性純

藤原正遠師と私　土井紀明

遠く宿縁を慶びて　藤谷知道

恩師藤原正遠先生についての思い出　井上初美

第二の父　藤原千佳子

第五巻　歌　集

雪道行きつつ南無阿弥陀仏　西川和榮

「お与え」と「おまかせ」　林　貞子

自然を詠まれた詩に心を癒されて　依田澄江

想い出の父・正遠　藤原正洋

藤原正遠講話集　第三巻　法爾一

浄秀寺の寺報『法爾』誌に発表された文章の中から、昭和五一年から昭和五九年に発表されたものを年代順に収録しました。

昭和五十一年（一九七六年）

助かるということ

自己とは他なし、絶対無限の妙用に乗託して任運に法爾に、この現前の境遇に落在せるもの、すなわちこれなり。

ただそれ絶対無限に乗託す。故に死生の事、また憂うるに足らず。死生なおかつ憂うるに足らず、いかにいわんやこれより而下なる事項においてをや。追放可なり。獄牢甘んずべし。誹謗擯斥許多の凌辱豈に意に介すべきものあらんや。我等はむしろ、ひたすら絶対無限の我等に賦与せるものを楽しまんかな。（「絶対他力の大道」第一章）

私はこの清沢満之先生の格調高き、清風掃々たる力強いご文章に触れて、誠に然り、その通りであると感嘆措く能わざるものがあった。そうして私もこの文中の者になった気で、安心をし、これで助かったものと思っていた時期が相当に長かったのである。

しかるに、現実の私はどうであるか。ときどき心臓発作を起こして、息の塞がるとき、はたして「死生の事、また憂うるに足らず」の心境であるか。憂うるに足らずどころか、全身全霊、死の襲うことに戦き震え、私の魂は恐怖いっぱい、バタバタの心境である。

タドンを白紙で包んで白くなったと、私は自分をごまかしていたことを、心臓発作は教えてくれた。煩悩具足の凡夫である私が、万枚の白紙でタドンを包んでも、臨終つき詰まれば、もとのタドンだけが残るのである。「ただそれ絶対無限に乗託す」という白紙でタドンを包んで安心して、これで助かったと思っていたのである。

今の私には、死生のことを憂うる一杯である。発作が鎮まれば、やれやれと思い、しばらく安心する。また発作が起こりそうになれば、急いで予防の薬を口に含む。

今の私に「追放可なり」どころか、妻子に、周りの人々に追放されたら大変です。医者に見捨てられ、薬に見捨てられたら大変です。「獄牢甘んずべし」どうしてどうして甘んずるどころか、牢獄が恐ろしくて、心では悪を思っても、行動に出さぬように、私の神経は夢の中までも細心の活動をしている。「誹謗擯斥許多の凌辱豈に意に介すべきものあらんや」どころでない。陰で言われたわずかな私の悪口まで、幾日も幾日もそれが気になって脳裏を離れぬのである。果ては、その人を憎みまでする私である。

「死生の事、また憂うるに足らず」と、「絶対無限」を引っ張ってきて「有限相対」の私の意識が助かったつもりでいたのである。絶対無限になったような気でいたのである。「憂うるに足らず」と誰が言っているかというに、ただただ憂えている私がそう言って、憂いを白紙で蔽っていたのである。死に脅迫されている私が、「憂うるに足らず」と、私においては気負うていたことに気がついた。気をつけていただいたのか、ともかく今私は、この文章では安心はない、助けもない。

いったいこの清沢先生の「絶対他力の大道」のご文章は、先生の亡くなられる五、六年前の日記の一節である。ひそかに案ずるに、先生はご逝去の半年ほど前、臨終つき詰まられたとき、自己中心のこの信心が崩壊されて、大悲の摂取にお遇いあそばしたのではあるまいか。「他力の救済」「我が信念」を拝読すると、それが伺われるのである。ここにご当流の聖人、明治の親鸞聖人の座をいただかれたのであると愚考する。

「絶対他力の大道」の時代は、「万行諸善これ仮門」の時代と拝察する。

龍樹菩薩の和讃でいただくと、

一切菩薩ののたまわく　われら因地にありしとき
無量劫をへめぐりて　万善諸行を修せしかど
恩愛はなはだたちがたく　生死はなはだつきがたし

のぎりぎりの二河白道の旅人であらせられたのではあるまいか。その地獄一定の場に、

念仏三昧行じてぞ　罪障を滅し度脱せし

の大慈大悲のご廻向を頂戴されたのではあるまいか。

「念仏成仏これ真宗」の「弥陀の廻向の御名なれば、功徳は十方にみちたまう」の摂取にお遇いなさったのではあるまいか。

今までは、先生に「念ずる」というお言葉を聞かなかったが、「他力の救済」のご文章に到って、「念ずる」のお言葉が三度まで出てくる。弥陀のみ親のあたたかい懐の中で、清沢先生ははじめて、やれやれ、身も心も任せきられたのではあるまいか。懐の中では、もう力む必要もない。み親を忘れていると、「我が世に処するの道閉ず」「物欲のために迷わさるること多し」「我が処するところに黒闇覆う」と仰せられる。み親の懐では、愚痴も言える、泣くこともできる。ここに真の自由人となられたのではないか。

死生のこと憂うるとか、憂えないとか、追放可とか、不可とか、牢獄甘んずるとか、甘んぜんとかを論ずる用事はない。「弘誓の船に乗りぬれば、大悲の風にまかせたり」の大自由人となられたのではあるまいか。南無阿弥陀仏

往還二廻向について

いつも申し上げているが、今から述べる「往還二廻向」に関しても私の頂戴しているもので、その点ご了承ください。

さて、往相も還相も、私自身でできることでなく、ひとえに弥陀のご誓願によって頂戴できることで、親鸞聖人は、往相、還相を如来大悲のご誓願によって頂戴され、三塗の黒闇を開かせていただかれたご歓喜を「如来大悲の恩徳は、身を粉にしても報ずべし」と、またこの大悲の誓願を私の胸まで届けてくださった「師主知識の恩徳も、骨を砕きても謝すべし」とご述懐あそばしているのである。

さて、往相とは何か、還相とは何か。

宇宙万有の千変万化を永遠から永遠に毛筋ほども間違いなく運行させてくださっている大法がましします。私はその大法から出ている絶対無限の私であることを信知することが往相であり、また万物すべて然りであることを信知することが還相である。

しかし、水泡である私の能力で、その出生地なる大海を知る能力があるであろうか。これは絶対不可能である。法の身なる私であるが、それを知らず、有限相対の世界に、四苦八苦して苦悩しているのが私である。水泡の消えるのを憂え、万行諸善をやっても、水泡はたちまちにして消えるのである。私の周囲のものが病気したり、よぼよぼになって見せたり、私の上にも現に現れてくれている。また交通事故で死んで見せたり、心不全で忽然と死んで見せたり、種々雑多の仏たちが我の水泡のはかなさを毎日毎日教えては、私を強迫するのである。

この強迫に恐れおののき、永遠不変のものを求めて出城なさったのが釈尊でまします。そうして、大海の不生不滅の大法界からの私の出どころを発見あそばされたのが釈尊でまします。念々刻々火葬場行きの壊れ果てる身だと四苦八苦していた私が、壊れざる法身の表顕と信知されたとき、三塗の黒闇は晴れ渡ったのである。

「天上天下唯我独尊」とは、相対的の言葉ではない。私は法身だったことの信知のおよろこびの大歓声である。これが往相。さあ、そうなって周囲を見回すと、森羅万象、法身ならざるものはない。これを釈尊は「有情非情同時成道、草木国土悉皆成仏」と仰せになっている。これが還相。

四十八願の第一の願は「無三悪趣の願」である。三塗の黒闇とは、三悪趣、三悪道のことである。

三悪道とは、有限相対の場に立っていれば、三悪の第一が地獄の苦、第二が餓鬼の苦、第三が畜生の苦である。これをわかりやすく言えば、地獄は「無常・生死」の苦。餓鬼は万物を犠牲にして悪性の限りを尽くしている「食い気」の苦。畜生は生きるための愛情に金縛りにされている「恩愛」の苦。私たちの苦悩を要約すれば、すべてこの三つに収まるのである。だから四十八願の第一の願として、「この三つの苦のない世界が欲しい。もしこの願が叶わねば「不取正覚」私の胸は晴れぬ。

しかし、三塗の黒闇、三悪道そのものが私自身である。洗っても洗っても、タドンは永遠に黒いのである。しかるに大法界に迎えられた釈尊は、三塗の黒闇が晴れた。地獄・餓鬼・畜生を取り除いてではない。その三悪道が有限相対の立場の時は三悪道であったが、大法界に摂取されたら「三法道」と、そのまま転身させて貰われたのである。

「地獄」が即ち生死即大法。餓鬼・畜生が大法の大活動のみ姿だったのである。我一人がそうなれば、万物すべて、大法界の所産ならざるものはない。身も大法、心も大法、これが往相。永遠から永遠にかけて宇宙万有の千変万化はみなこれ一大不可思議の大法の妙用ならざるものはない。その眼を頂戴したことが還相。

さて、如来大悲とは何か。水泡みずからで大法の所産なることを我々は絶対に信知することはできぬ。ここに釈尊の大悲が生まれたのである。自らが大法に帰るまでの道行きを振り返られ、どんな愚鈍なものでも、極重悪に苦悩しているものでも、大法からの所産なることを、最も簡単な方法で知らせて、大安慰を与えてやろうという大誓願が大悲である。その大悲が成就したみ薬を「南無阿弥陀仏」と申し上げる。

「南無阿弥陀仏とたのませ給いて」大法界に迎えんという大誓願である。釈尊は浄土（大法界）に立って、阿弥陀仏の大救済主と変身されて、私を大法界に迎えてやろうという大誓願である。

それで「弥陀の誓願不思議にたすけられまいらせて、往生をばとぐるなりと信じて念仏もうさんとおもいたつこころのおこるとき、すなわち摂取不捨の利益にあずけしめたまうなり」である。

往生は大法界、浄土への往生である。

御当流に三願転入といわれる一大事があるが、これは大法界へ転入する大悲の道案内であり、お手廻しである。

十九の願は、水泡が大法界から生まれていることを信知しようとする水泡自身の努力の世界。二十願は水泡がいかに努力しても自力無効のところにお念仏申す身になる。しかし、そのお念仏で、わが水泡を固めようとしている半自力・半他力といわれる念仏。

しかし、その二十願の半自力も半他力も駄目なところに、その下に如来の果遂の大悲が待ちうけていてくださった。報土が待っていてくださった。お念仏をたのませて、その報酬で報土に連れ戻してくださる「正覚」に等しい「等正覚」の大法界まで迎えてくださった世界を第十八願という。大法界に入れば、万物すべて法身と見える眼が廻向される。まことに有難きかな。

南無阿弥陀仏の廻向の　恩徳広大不思議にて
往相廻向の利益には　還相廻向に廻入せり（「正像末和讃」）　合掌

前念命終、後念即生

「前念命終」を、私は、前の念《おもい》の命が終る、すなわち、私の命は五十年百年と有限的に思っていた命が終ることであるといただいている。

しかし、このことは私自身の分別意識の力では成就するわけにはいかぬ。私の分別意識は、五十年百年の命と思い込んでいる。五十年百年の上に立っている分別意識だから、自分で自分の思いを断ち切ることはできない。では、いかにして五十年百年と有限的に思っている前の命の分別意識を終らせるか。

それはただ本願を信受する一事に極まる。信受とは、私の分別意識が信受しても信受にならぬ。結局は分別意識の中でのことであるからである。信受したと、いかに精進努力しても、いくら思案分別しても、いずれは分別の流転に終るのである。飛び上がって大地から離れたと思っても数秒の出来事で、また地上に戻るのである。では、本願を信受するとは、どういうことをいうのであるか。

それは、本願さまのほうから「南無阿弥陀仏とたのませ給いて」ご廻向くださって、私を摂取してくださることをいうのである。汽車に乗せてもらえば、自然に私の力を無効たらしめてくださるのではないか。

「摂取不捨」してくださるとき、すぐさま前念命終のご利益を頂戴するのである。私が信受するのではない。信受しても、信受したという私の意識が残っている。「信に死す」と言っても、言っている自分が残っている。本願名号のみが、私を死なしてくださるのである。「願に死す」である。本願名号の摂取によって、「前念命終」させていただくのである。「本願名号正定業」と、ちゃんと仰せられている。「信は願より生ずる」と言ってある。

本願名号に摂取していただいて「前念命終」させていただくと、すぐさま即得往生である。正定聚の世界に往生させていただくのである。すなわち「後念即生」のご利益をいただくのである。

「後念即生」とは、前念命終させていただくと、すぐさま私は、「後念」すなわち無量寿の命から私はあらしめられていたという後の念《おもい》を頂戴するのである。もう五十年百年という有限の命は死んだのである。私は「法身」だったことを知らしめてくださる。

「一文不知の尼入道なりというとも、後世をしるを智者とすといえり」といわれる後世を知らしめられる。後世とは、有限の母胎以前の無量寿の世界をいうのである。その無量寿の世界から生まれていたことを知らせていただくことを「後生の一大事」といわれるのである。「正定聚不退転」の法界からの私だったことを知らせていただくのである。これを「後念即生」というのである。

「本願名号正定業」といわれる「業」とは、おはたらきということである。ご本願のおはたらきである。前念命終させてもらうのも、本願名号のおはたらき、後念即生させて、正定聚の身であることを知らせていただくのも、本願名号のおはたらきである。この本願名号のおはたらきを、親鸞聖人は「如来大悲の恩徳は、身を粉にしても報ずべし」と仰せになっている。

「願に死し、信に生きる」一度摂取にあずかったものは、一切覚える必要もない、一切忘れてもよい。手放しである。親子対面したものは、忘れるとか、覚えるとかの分別意識はない。これを信に生きるというのである。

ある友人が「私には念仏がなくなった」と言って死んでいった。親子対面の証拠である。ある先生は「本願の勅命のみ声が聞こえなくなった」と言って死なれたそうである。機法一体になられた証明のお言葉である。勅命の声の聞こえている間は、機法別体である。念仏を意識している間は、同じく機法別体である。ちなみに言うと、「機法一体」だと意識している間を「機法合体」と言われる。親子の間には、親子という意識はない。分別はない。親子の間に「意識分別」のある間は、親子対面していない証拠である。それを合体という。

まことに私たちは、意識分別の流転が苦悩である。しかし私には意識の流転しかない。それで、この意識分別をご摂取によって殺して、意識以前の世界、機法一体、仏凡一体、親子対面させてくださるのが大悲である。

如来の作願をたずぬれば　苦悩の有情をすてずして
廻向を首としたまいて　大悲心をば成就せり（「正像末和讃」）

まことにこのご和讃の通りである。

「前念命終」させてもらった人に「前念命終」したという意識はない。「後念即生」させてもらった人に「後念即生」させてもらったという意識はない。

無量寿如来に帰命させてもらった私は、不可思議光如来に南無させてもらって大悲心を私の上に成就させてもらった私は、大安心を頂戴した、この恩徳広大の大慈大悲に、私はただただ感謝九拝するのみである。

「貪愛瞋憎の雲霧」は仰せの通り、常に私に覆いかぶさり通しである。しかし「雲霧の下、明らかにして闇なきがごとし」との、まことに御仰せの通りである。もったいない極みである。南無阿弥陀仏

摂取不捨のご利益

「君の話は、味噌も糞も一緒にする話だ」という人があるが、摂取不捨のご利益をいただけば、味噌も法界よりの所産であり、糞も法界よりの所産であることが知らされる。味噌も成仏、糞も成仏する。

「有情非情同時成道、草木国土悉皆成仏」の真意を知らせてくださるのが、摂取不

捨のご利益である。

摂取不捨のご本願は「老少善悪」ともに、摂取不捨の中である。車中には、老人も子どもも、善人も悪人も、学者も一文不知のものも、共に運ばれている。スリも同車している。摂取の車には、無明を棄てる必要もない、光明をさがす必要もない。無明も光明も同車している。我執のとれた人も、我執のとれぬ人も、自我も自己も、同車している。貪愛瞋憎の雲霧も、すべて同車している。不安も安心も摂取の中である。それが南無阿弥陀仏である。一方を取って、一方を捨てるのでない。五濁悪世がそのまま法界の所産である。五濁悪世を嫌悪する心も、また摂取の中である。

「罪悪深重、煩悩熾盛の衆生」を法界の掌中に収めてくださる救済である。

南無阿弥陀仏に摂取をいただくと、まことに「他の善も要にあらず、念仏にまさるべき善なきゆえに、悪をもおそるべからず、弥陀の本願をさまたぐるほどの悪なきがゆえに」との仰せの通りである。法界から大悲としてあらわれ給うた南無阿弥陀仏は、善も悪も摂取して捨て給わぬのである。善も悪も法界からの所産として摂取してくださるのである。摂取不捨の世界は、「自覚する」とか「自覚せぬ」とか、そんな狭いケチな世界ではない。

「朝に道を聞いて、夕べに死するも可なり」といわれるが、それもよろしいが、

「朝に道を聞かず、夕べに死するも可なり」のものも摂取されているのである。酔生夢死のものも、ちゃんと摂取されている。

万物の霊長と威張っているものも、一匹の虫も、一本の草も、摂取の中では同格である。害虫も益虫も、法界よりの所産である。

蛙を呑む蛇も、蛇に呑まれる蛙も、車中の出来事である。蛇を憎む心も、蛙をあわれと思う心も、また然りである。

「阿闍世王のために涅槃に入らず」と聞くと、釈尊が、阿闍世を救済するまでは涅槃に入らないというふうに聞こえるが、実は問題は阿闍世になくて、釈尊にましましたのである。阿闍世の五逆罪を犯したその罪業が、釈尊の胸に収まらない以上、釈尊自身に救いがないということである。

その救いは、阿闍世に改心させての救いではない。改心したとしても、今までの罪業は絶対に消えはしない。

釈尊が、如来の摂取不捨に遇われたとき、釈尊は涅槃に入られたのである。涅槃に入られた釈尊は、阿闍世も、阿闍世の罪業も、すべて大法界の所産であり、大聖釈尊も、悪逆の阿闍世も、摂取の中では平等であり、同列であった。阿闍世と同列になられた釈尊は、阿闍世が耆婆につき添われ訪ねて来たとき、「阿闍世王よ、ご苦労さま

だった なあ」という眼差しが、月愛三昧となって阿闍世の胸に届いたのである。その光に照らされて、阿闍世の体中のカサが一時に治癒されたのである。

如来、無蓋の大悲をもって三界を矜哀したまう。世に出興する所以は、道教を光闡して、群萠を拯い、恵むに真実の利をもってせんと欲してなり。

と『大経』にあるが如く、如来は「真実の利」を恵み給うて救済してくださるのである。「真実の利」とは、永遠に間違いのない真実のことである。狂いのない真実のことである。一切法界の所産なることを知らせてくださって、万物を光照してくださる大悲である。この大悲を私の胸まで届けてくださるのが、南無阿弥陀仏である。摂取不捨のご利益とは、この大悲をくださるご利益をいうのである。

「念仏は無礙の一道」とは、摂取不捨によって、法界より一切は、永遠にかけてあらわれていることを教示して、私を摂取し、万物を摂取してくださることをいうのである。天神、地祇も、魔界、外道も、罪悪も業報も、諸善も、すべて法界からあらわれ給うた大悲の念仏が摂取くださる故に、念仏は無礙の一道なのである。

悪性さらにやめがたし　こころは蛇蝎のごとくなり
修善も雑毒なるゆえに　虚仮の行とぞなづけたる
無慚無愧のこの身にて　まことのこころはなけれども

弥陀の廻向の御名なれば　功徳は十方にみちたまう（「正像末和讃」）

悪性さらにやめがたき私、修善も雑毒の私、無慚無愧の私、狂い通しの私、乱れ通しの私、微塵も私にはまことの心はない。真実はない。その私のために大悲の南無阿弥陀仏はあらわれ給い、私を摂取に来てくださったのである。法界から摂取にきてくださったのである。ここに功徳は十方に満ち満ち給い、私も成仏、山川草木悉皆成仏。過去も成仏。未来も成仏。三世十方同時成仏。南無阿弥陀仏

清沢満之師に教えられること

清沢師の書き残してくださった著述はたくさんあるが、私には臨終近く書かれた左の三篇が特別ありがたいことである。

一、「絶対他力の大道」　二、「他力の救済」　三、「我が信念」

さて、この三篇によって私はいかなることを教えられたか。「絶対他力の大道」によって、第十九願を「他力の救済」並びに「我が信念」によって第二十の願の教えを私は頂戴していることである。

お言葉の上で、今からそれを解明していきたいと思う。まず要点を申せば、三篇とも、あくまで自己中心の心境であられるように思われる次第である。自己中心であるから、他者に対しての救済がない。自己の上でも、煩悩苦悩がそのまま救済されず、煩悩菩提体無二の世界がうかがわれぬようです。

「絶対他力の大道」には、

生死は全く不可思議なる他力の妙用によるものなり。しかれば我等は生死に対して悲喜すべからず。

とある。ここには悲喜が否定されている。自己中心であるから、悲喜を統理するわけにゆかぬ。「他力の救済」には、

我、他力の救済を念ずるときは、我が処するところに光明照し、我、他力の救済を忘るるときは、我が処するところに黒闇覆う。

とある。自己中心であるから、「念ずるとき」「忘るるとき」と言わねばならぬ。「他力救済の念」という半他力により、念ずるとき、半自力が救済されている。忘るるときは、我が処するところに黒闇覆うと、救済を失うのは当然である。「我が処するところ」と「我が」「我が」が付きまとっている。いつの日か、この「我が」「我が」の城郭の崩れる日が襲うてくるのでなかろうか。この我が城郭の崩れる時からが、仏法

の真の第一義でなかろうか。

「臨終つき詰めて仏法聞け」と言われるが、私がつき詰めたのでは、つき詰めた私が残る。ここに臨終つき詰まった高僧の御説を静かに拝受せねばならぬと私は思う。

「我が信念」には、

私の信念が現れ来る時は、その信念が心いっぱいになりて、他の妄想妄念の立場を失わしむることである。

とある。ここでも妄想妄念が邪魔になっている。そうして、「その信念が心いっぱいになりて、他の妄想妄念の立場を失わしむる」とある。本願念仏は私の妄想妄念を除去するはたらきが中心なのであろうか。本願念仏の大悲は「大衆を統理する」のである。妄想妄念も大衆の一分身である。すなわち煩悩即菩提である。

『御文』さまに、

当流の安心のおもむきは、あながちに、わがこころのわろきをも、また、妄念妄執のこころのおこるをも、とどめよというにもあらず。（一帖三通）

とある。摂取不捨のご利益には、老少善悪も摂取の中にあるはずである。妄想妄念も摂取の中にあるはずである。摂取不捨されると、私が死ぬのである。そうして法中の私となる。法中の妄想妄念となる。

「絶対他力の大道」をなぜに私は第十九の願というのか、「他力の救済」「我が信念」をなぜに私は第二十願というのであるか。もう少し解明したい。

「絶対他力の大道」の第一章は、

自己とは他なし、絶対無限の妙用に乗託して任運に法爾に、この現前の境遇に落在せるもの、すなわちこれなり。ただそれ絶対無限に乗託す。故に死生の事、また憂うるに足らず。死生なおかつ憂うるに足らず、いかにいわんやこれより而下なる事項においてをや。追放可なり。獄牢甘んずべし。

とある。十九の願を機法合体といわれる。至言である。機法一体の真実を機の方に引っ張って来て、意識の上で納得する世界である。そもそも、この私は「煩悩具足」そのものであるのである。このご信境はタドンに白紙を張って救済されたかの如き世界ではあるまいか。死生に戦々兢々している我が、法を意識の上に引っ張って来てタドンに紙を張っている世界。やがてこの紙は一瞬にして剝ぎ取られる日がある。私の意識の上で作り上げた人間の信心で真の救済があろうはずがない。万行諸善これ仮門と仰せられる所以である。師はこの自力の信に破れて、二十願の機法別体の世界へ展開あそばされたと拝察する。

いったい、「死生のこと憂うるに足らず」という裏に、死生のことを憂えている自己があるではないか。憂えている自己が本体であって、憂うるに足らずと、自己をカバーしているのは意識観念である。煩悩具足の凡夫は、兆載永劫かかっても変わらぬのである。では、いかにして救済されるか。煩悩具足即菩提とせしめてくださる本願力に乗托せしめられる大悲の一道よりほかに道はない。

煩悩具足と信知して　本願力に乗ずれば
すなわち穢身すてはてて　法性常楽証せしむ（「善導大師和讃」）

本願力に乗ずれば、個人の私は、大法よりの所産と知らしめていただくのである。大道を体解せしめていただくのである。

御当流は、機法一体である。機法一体と、私の意識に引っ張っての機法合体の救済ではない。

機法一体である。これには、摂取不捨のご利益を頂戴しなければならぬ。

「南無阿弥陀仏とたのませ給いて浄土へ迎えむ」というご廻向のお念仏のおはたらきがなければならぬ。自力に捨てられ半自力半他力の念仏にも捨てられた地獄の下に、阿弥陀仏は待っていてくださった。法性常楽のお国よ。南無阿弥陀仏

昭和五十二年（一九七七年）

煩悩菩提体無二――清沢師の鏡に照らされて

私は「死の強迫」と「煩悩の醜悪に対する嫌悪」から私の苦悩は発足している。この二点の苦悩解決のため、念仏の大学に入学するご縁もあり、また入寺もしたのであったと、今にして憶う。

父鉄乗師は、清沢満之師を一向に敬拝されたお方だったし、四十年間私も清沢師の恩恵を受けてきた。そうして最近の恩恵はいよいよ深くなってゆくのを喜んでいる。

我、他力の救済を念ずるときは、我が処するところに光明照し、我、他力の救済を忘るるときは、我が処するところに暗闇覆う。

私には、この「我」「我」が、問題を提起してくださることである。この「光明照す」ということは、「死に強迫されなくなる」というのでは、私は困るのである。「煩悩の醜悪に責められなくなる」というのでは、私は困るのである。

私は、大学卒業間際に、お念仏が口を割ってくださったのであるが、

弥陀の誓願不思議にたすけられまいらせて、往生をばとぐりなりと信じて念仏もうさんとおもいたつこころのおこるとき、すなわち摂取不捨の利益にあずけしめたまうなり。（『歎異抄』第一条）

私は今にして思えば、あの時、摂取不捨の利益にあずかっていたのであった。しかし、「罪障功徳の体となる」「障り多きに徳多し」で、いまだ罪障不足のため、それがはっきりしなかったのであるが、いま七十歳を越えて、しみじみ摂取不捨のご利益を身を粉にしても報じたい心である。

摂取不捨のご利益にあずからしめられた私には、私があって、私がないのである。法中の私である。法中の私には、「念ずるとき光明照す」「忘れるとき黒闇覆う」という二元的のものではない。一元の中の二元であって、光明のときもあれば、黒闇のときもある。光明照すときは、心は明朗であり、黒闇覆うときは、心は真っ暗である。

法界には、善悪浄穢があったまま、善悪浄穢がないのである。ただないというのではない。法のご活動というのである。機法一体というのである。

私には「我信ずる故に如来ましします」のではない。「如来まします故に」如来が私を摂取にきてくださったのである。私は、本願念仏に摂取していただいたのである。私が信

じて汽車があるのではない。本願念仏の汽車まします故に、私は乗托せしめられたのである。

私はこの如来の威神力に寄托して、大安楽と大平穏とを得ることである。私は私の死生の大事をこの如来に寄托して、少しも不安や不平を感ずることがない。「死生命あり、富貴天にあり」ということがある。私の信ずる如来は、この天と命との根本体である。

この一節で清沢師の「我が信念」は結ばれてある。

汽車に乗った人は「自力無効者」である。しかし自力無効ということを自覚している人はない。「一切汽車のお運びに乗託している」、しかし汽車のお運びに乗託していると自覚している人はない。摂取不捨されると、自覚なくして自力無効者とせしめられ、生死も煩悩も、すべて大法のご活動と体解させていただく大利益を得しめ給うのである。

私に今、大安楽も大平穏もない。摂取不捨された私に今、死の強迫に怯ゆることが如来の活動であるということに決定させてもらっている。煩悩の醜悪を嫌悪することが、そのまま如来の活動であることに決定させてもらっている。念々、私の心は不安と不平で満ち満ちているといっても過言でない。

「濁世の起悪造罪は、暴風駛雨にことならず」で、それを入れ換えての摂取ではない。

暴風馳雨が機であり、それが法である。機法一体である。

　生きるものは生かしめ給う　死ぬものは死なしめ給う　われに手のなし　南無阿弥陀仏

　悲しきは悲しきままがそのままが　弥陀のいのちのみ流れと聞く　南無阿弥陀仏

何事でも、私はただ自分の気の向う所、心の欲する所に順従うてこれを行うて差支はない。その行が過失であろうと、罪悪であろうと、少しも懸念することはいらない。如来は私の一切の行為について、責任を負って下さることである。私はただこの如来を信ずるのみにて、常に平安に住することが出来る。

と、また清沢師は仰せになっている。私はこのごろ、これはとんでもないお言葉と思わせてもらうようになった。

私は、自分の気の向う所、心の欲する所に順従ったら、お差支えばかりである。その行いが過失であろうと、罪悪であろうと、懸念することはいらないどころか、いささかの過失にも責められれどおしであり、罪悪に懸念どおしである。

私には、その懸念こそ如来の心である。そうしてまた私の心である。機法一体の南無阿弥陀仏は、懸念を取っての救済ではない。懸念のままの救済である。このままの救済である。四十八願の第二の願は「不更悪趣願」として、持ち換え安心には、末通った救済のないことが誓われているのではなかろうか。南無阿弥陀仏

この世・あの世

私は今まで「あの世」とは、肉体滅びて向こうの世界と思っていた。今は「この世」は、有量寿の世界、相対有限の世界と妄想して、有無の世界に苦悩していた心の世界だったと決着した。

「あの世」は、無量寿の世界から一切出生している不生不滅の世界だということに決着させてもらった。そうしたら、師主たちの仰せられたことが、すらすらと了解できるようである。

「前念命終・後念即生」は、この世が終って、有限の命と思っていた私の念が終って、後の念、無量寿の世界が展開させられたことを言うのでなかろうか。

それ、八万の法蔵をしるというとも、後世をしらざる人を愚者とす。たとい一文不知の尼入道なりというとも、後世をしるを智者とすといえり。（『御文』五帖二

通）

る。

の、この後世とは、「あの世」のことである。灰になって知るのではない。今知るのである。

肉体滅後、極楽があるとか、地獄があるとかいうのは、「あの世」を知らしめるためのご方便であって、釈尊でも、一切肉体のおわします時のお言葉である。釈尊はお偉い方だから、死後がわかるというのは、かえって釈尊を汚すことであろう。要するに一切は心の場所の問題である。

「真実信心の行人は、臨終まつことなし、来迎たのむことなし」で、命のある間に、弥陀のご誓願に乗託せしめられ摂取不捨の利益を頂戴したものは、その時が「この世」の臨終が終ったので、その時が来迎にあずかった時である。故に命の終る時を待つ必要がないのである。この時「この世」の有限相対の妄想の根を切っていただくのである。

摂取されたとき、この世は終る。そうして「あの世」から出生している私を知らせていただく。知ったら知った私が残る。それでお念仏は義なきを義とす。体解である。汽車に乗ったものが、私は自力無効の者だなど言っていない。体解せしめられている証拠に、車中で走っている人はいない。また一切が法のお仕事、汽車のお運びなど思っている人はない。しかし、体解させてもらっているから、そのままに皆々安心して乗託せしめられている。

無始已来つくりとつくる悪業煩悩を、のこるところもなく、願力不思議をもって消滅するいわれあるがゆえに、正定聚不退のくらいに住すとなり。（『御文』五帖五通）

願力不思議をもって、私を誓願に乗託せしめていただいた消息を、蓮師はかくの如く讃嘆あそばしておる。さればといって「貪愛瞋憎」の心が起きぬというのではない。常に起こりどおしである。しかし、それは皆「あの世」からの御催しである。善くても悪くても、絶対不変の「あの世」からの必然の御催しである。

「貪」が悪くても、その時の私の真実である。しかもその貪が大法からの「あの世」からの御催しの真実である。

「愛」然り、「瞋」然り、「憎」然りである。

阿弥陀如来の三業は　念仏行者の三業と
彼此金剛の心なれば　定聚のくらいにさだまりぬ（「帖外和讃」）

なんとすばらしいご和讃であろうか。

大願海のうちには　煩悩のなみこそなかりけれ
弘誓のふねにのりぬれば　大悲の風にまかせたり

煩悩の波がないのではない。念々煩悩の波は起こりどおしであるが、「あの世」の人には、それは「智慧のうしお」に変わっているのである。私の煩悩が如来の煩悩なのである。

本願円頓一乗は　逆悪摂すと信知して

煩悩菩提体無二と　すみやかにとくさとらしむ（「曇鸞和尚和讃」）

との仰せの通りである。

超世の悲願ききしより　われらは生死の凡夫かわ

有漏の穢身はかわらねど　こころは浄土にあそぶなり

「この世」にあれば、有限相対の有漏の穢身であるけれど、弥陀の弘誓によりて「あの世」の人となったものは、無限の中の有限であり、無漏の中の有漏である。

「朝顔は、朝咲いて夕べに凋む」、はかない命であるというが、まことにはかない有量寿が、実は無量寿のご活動なのである。故に永遠に無量寿のご活動により、朝咲いて夕べにしぼむのである。有限を無限に入れ換えるのではない。有限そのままが無限の活動なのである。はかない姿が、無量寿のお姿なのである。

「雀はチュチュ、烏はカァカァ」と私はどこに行っても言う。それで私のことを「チュチュ先生」と言う。

雀はチュチュと、無量寿の発現の声を出して、あの世の世界を毎朝知らせている。烏も然り。しかし、私には、私の煩悩では、それを知るよしもない。胎内の児が胎内にあることを何人たりとも永遠に知る術がないと同様である。有限の私が、無限からの表顕、「この世」が「あの世」からの表顕を自分みずからで知る道は皆無である。それで、親鸞聖人も「いずれの行もおよびがたき身なれば、とても地獄は一定すみかぞかし」と嘆声を洩らしてあるのは、有限のこの世から出離できぬことを仰せあそばしているのである。

しかし、幸なるかな。「唯有一道」ましますのである。私には「弥陀の誓願」の一道が待ち受けてましましたのである。私のために「あの世」への橋渡しとしてお念仏の「大悲」が待ち設けていてくださったのだ。

金剛堅固の信心は　仏の相続よりおこる
他力の方便なくしては　いかでか決定心をえん
合掌

お念仏の橋渡し──唯除五逆誹謗正法について

「唯除五逆誹謗正法」について、私見を述べたいと思うのですが、はじめに三願転入の基点（キーポイント）から申し上げたいと思います。

三願については、祖師方がいろいろなお言葉で表現してありますが、十九願を自力、二十願を半自力半他力、十八願を他力ということで話を進めたいと思います。

十九願は、私の自力で法界を求めている世界。二十願は、自力の無効を知って、念仏を私から仏に廻向して、法界を求めている世界。十八願は、自力も無効、私の廻向した念仏も無効のところに、阿弥陀仏のほうから南無阿弥陀仏とたのませ給いて浄土（法界）に迎えていただいた世界です。

私の自力いっぱい、私の思惟分別いっぱい、万行諸善をやってみても、有限の私が、無限の法界に手の届くはずがない。そこで念仏の力で法界を求めます。念仏が口を割ってくださったというところに、十九願から二十願に転じた証明があります。基点があります。しかし二十願には、念仏している私がいるので、他力の念仏と思っても、自力中の他力の念仏であるので、半自力、半他力と言われる次第です。しかし、半自力、半他力であっても、ともかく十九願から二十願に、お念仏が橋渡ししてくださったのです。

それでは、二十願から十八願への橋渡しの念仏とは、どんなものであろうか。

ここに「唯除五逆誹謗正法」という基点があらわれてくださるのです。

『観経』の下品下生の人は、この「五逆罪を犯し、正法を誹謗した」ところのその人なのです。ここに二十願の自力念仏に棄てらるることになる。お前がいかに念仏を百万遍廻向してお念仏しても駄目だよ。「唯除五逆誹謗正法」といわれるところの全く助かる縁のなき当人ではないか。

「唯除五逆誹謗正法」は、二十願の念仏者に対しての死刑の宣告である。ここに下品下生者は完全に無救済の人となるのです。機の深信者とせしめられるのです。

「自身はこれ現に罪悪生死の凡夫、曠劫よりこのかた、つねに没し、つねに流転して、出離の縁あることなき身」

とせしめられたのです。

下品下生のご文を左記しますと、

あるいは衆生ありて、不善業たる五逆・十悪を作る。もろもろの不善を倶せるかくのごときの愚人、悪業をもってのゆえに悪道に堕すべし。多劫を経歴して、苦を受くること窮まりなからん。かくのごときの愚人、命終の時に臨みて、善知識の、種種に安慰して、ために妙法を説き、教えて念仏せしむるに遇わん。この人、苦に逼められて念仏するに遑あらず。善友告げて言わく、「汝もし念ずるに能わずは、無量寿仏と称すべし」と。かくのごとく心を至して、声をして絶えざらしめて、十念を具足して南無阿弥陀仏と称せしむ。仏名を称するがゆえに、念念の中において八十億劫の生死の罪を除く。命終の時、金蓮華を見る。猶し日輪のごとくしてその人の前に住す。一念の頃のごとくに、すなわち極楽世界に往生することを得ん。

この人は、二十願の私の廻向の念仏を棄てしめられ「汝もし念ずるに能わずは、無量寿仏と称すべし」の他力廻向の念仏者になったのです。

念ずること能わざる「唯除五逆誹謗正法」の人こそ、十八願に無条件に摂取をいただく唯一の人なのです。「唯除五逆誹謗正法」こそ、往生極楽に転入させてもらえる基点、キーポイントなのです。

二十願の念仏は、いまだ諸仏に救済される、私自身の救済を求めている世界です。極楽往生でなく、欲楽往生を願っている罪福を願っている不了仏智の世界です。

「諸仏に棄て果てられたるものを、阿弥陀仏のみが、罪はいかほど深くとも救う」との、法界より大悲の如来として摂取にあらわれ給うた阿弥陀如来。この救済は有限と思っていた私を殺し、無限の法界を教えてくださる大救済なのです。

ちなみに、摂取される以前は「五逆罪を犯した人、正法を誹謗した人を唯除く」であるが、摂取されてみると「五逆を犯した罪を摂取して除いてやる、正法を誹謗した罪を摂取して、そのまま除いてやる」との大悲をいただくのです。

無始已来つくりとつくる悪業煩悩を、のこるところもなく、願力不思議をもって消滅するいわれあるがゆえに、正定聚不退のくらいに住すとなり。（『御文』五帖五通）

過去未来現在の三世の業障、一時につみきえて、正定聚のくらい、また等正覚のくらいなんどにさだまるものなり。（『御文』五帖六通）

との蓮師のお言葉がここに頂戴できることです。

罪とは、如来のお命を私していることが大罪です。如来を知らざることが大罪です。法身なることを知らざることが大罪です。大罪を犯す故に苦悩する。

では、摂取されると苦悩しないのか。「煩悩を断ぜずして涅槃を得」とある如く、苦悩はあります。貪愛瞋憎の雲霧は常にあらわれます。しかし、如来の摂取の中の苦悩であり、貪愛瞋憎です。自力の中の他力でなく、他力の中の自力です。すべて如来掌中の御催しであり、煩悩菩提体無二の世界です。南無阿弥陀仏

宿縁のご恩徳

「遠く宿縁を慶べ」のお言葉があるが、今日の私の幸せは、今日までの私の生活の上に一物でも欠けていたら、到来せぬことであった。一息一念、善も悪も浄も穢もが欠け目なくあってくださって、今日の幸せが成就したのである。

あれが悪いから棄て、これが善いから取るという「廃立」の観念の世界ではない。私の仕草だけではない。宇宙一切の欠け目ないご照護によって今日の幸せが与えられたのである。親鸞聖人の仰せの「隠顕さま」のお陰さまである。「万行諸善これ仮門」なしに「念仏成仏これ真宗」は顕現し給わぬのである。

親鸞聖人の二十年の比叡山での万行諸善の不可能なしに、法然上人のお勧めの本願念仏に帰命はおできにならなかったのである。

古代奴隷時代、封建時代の背景なしに、絶対に日本に念仏は生まれなかったのである。蘇我氏の一族繁栄と欲望の仏教の背景なしに、聖徳太子の「世間虚仮唯仏是真」の世界の展開はありえないのだ。蘇我氏は権化の仁である。

親鸞聖人にしてみれば、比叡山の仏教が権化の仁である。

本願寺教団が徳川三百年のいのちと力を失ったものがあったらこそ、清沢満之師の出現があったのだ。

親鸞聖人の仰せに、

浄邦縁熟して、調達、闍世をして逆害を興ぜしむ。浄業機彰れて、釈迦、韋提をして安養を選ばしめたまえり。これすなわち権化の仁、斉しく苦悩の群萌を救済し、世雄の悲、正しく逆謗闡提を恵まんと欲す。（『教行信証』総序）

清沢先生はヨーロッパの主知的な近代思想、学問が、権化の仁となってくださったのである。一つも捨てるものはない。捨てるどころか、宇宙が一丸になって、私を本願念仏の門に押し込んでくださったのである。

私が浪人していた時、私の可愛がっていた九つの子が、脳膜炎で苦しんで死んだことが、私を大谷大学に入学せしめてくれたのである。大谷大学が存在していてくれなかったら、私の現在の幸せはない。大谷大学がなかったら、私は本願念仏に遇うことは絶対にありえなかったことである。それで私は大谷大学を世界第一の大学と言う。私に本願念仏を教えてくださったからである。

剣道を無理して、私は血痰を吐いた。そのことによって、私の口を割って、お念仏がお出ましくださった。血痰が私には、権化の仁である。現在、大法の中の私であることを知らせてくださった、血痰が、釈迦の発遣であらせられたのである。

江戸時代に、本願寺が幕府に保護されてきたお陰で、現在の本願寺はある。本願寺ましします故に、大谷大学があったし、私にお念仏の宝珠をお与えくださった。

私は心臓病で二十年苦しんできた。末女が昨年死去した。いよいよ私は南無阿弥陀仏さまである。と同時に「有情非情同時成道、草木国土悉皆成仏」、一切が妙法から生まれ、一切が妙法に還るのだ。生死即涅槃である。

煩悩は取れるものでない。煩悩菩提体無二と、お念仏は私に信知させてくださった。大法の中には危機もなければ、安全もない。いや危機もあり、安全もある。危機といえば、私のこの一息が私では所有できない、危機そのものだ。しかし、大法は、そのまま宇宙万有を包含する。

大法の中に戦争があり、平和がある。大法中には「貪愛瞋憎」の雲霧が出どおしである。それが一切南無阿弥陀仏の源から出ているのである。

その大法の源から、いつも南無阿弥陀仏のみ声となって、私が大法中なること、また万物が大法中なることを知らせに来てくださる。それが大悲である。

こちらにもわけあるごとく、先方にもわけがあるのだ。人間の眼で見れば、蟹は横ばいである。蟹の眼から見れば、人間は横ばいである。しかし、そのまま両方とも大法からの顕現である。

腹立つのは悪である。しかし風が吹けば波が立つ。二風吹けば、二腹が立つ。五風が吹けば、五腹が立つ。悪であっても、それが永遠不変の真実である。

善悪浄穢のまま、それがそのまま、動かすことのできぬ永遠不変の大法からの真実の顕現である。そのことを、六字の南無阿弥陀仏のみ親は摂取に来て、教えてくださって救済してくださる大悲である。

たのめとは　助かる縁のなき身ぞ（機の深信）と教えて救う（法の深信）弥陀の呼び声

「仏の廻向によって、私は頭を下げたのでなく、下げさせてもらった。一念帰命した」と言っているほど、頭の高い私ではないか。邪見憍慢の私ではないか。頭を下げさせてもらったという卑下慢の私が残っていて、頭が下がっていないと人を裁くのである。山川草木、善人を問わず悪人を問わず、それぞれ、おのずからに、仏のお仕事を懸命にやっているのだ。生まれるも死ぬも、死にたくないと逃げ回りながら、仏の国を荘厳してくれているのである。千変万化、五濁悪世と、けなされつつも、仏のお仕事は至極太平無事に運行されていることである。南無阿弥陀仏

逃避について

本来、生死即涅槃、煩悩即菩提なのである。生死は永遠不変の法界からの所産であり、煩悩もまた、絶対無限の法界からの所産である。

法界とは、三世十方、過去久遠の昔から未来永劫にかけて一分一厘狂いのない活動界のことである。この宇宙は、ただこの活動界の表顕されたものである。有情、非情、草木、国土、一物を残さず、この活動界の所産である。

釈尊は何を悟られたか。その法界を悟られたのである。私あっての法界でなく、法界あっての私であることを信知されたところに、心が開けたのである。何を苦悩しておられたのか。それは私の出所が不明だったので、私は有限の体であると苦悩され、煩悩は私の煩悩だと思って苦悩されたのである。法界には、生死があって生死がなく、煩悩があって煩悩がなく、差別があって差別がない。無生の生とか、無作の作とか言われる所以である。

我々はその絶対無限の出所が分からぬので「雑行、雑修、自力の念仏」に振り回されているのである。

決定された生死に、万行諸善を以て、反抗を試みるのである。決定された煩悩に対して、同じく反抗を試みるのである。中には、万行諸善を以て、生死を離れ、煩悩から解放された如き憍慢の日もある。しかし、時節が来れば、それは一切崩壊する。タドンを紙で包んで得々と、白くなったと錯覚しているようなもので、ひと雨降れば、元のタドンは表れてくる。タドンが実は法そのものである。大象に向かってカマキリが斧を振り向けているようなものである。

しかし、胎内の児が、母の胎内にあることを絶対知る能力のない如く、我々の知識分別では、一応理解はできても、信知ではない。しかし、ここに尊いご方便まします。「念仏成仏是真宗」で、真宗の教えは、念仏の橋渡しで、法中の我を知らせていただくのである。知らせていただいて、心を開いてくださる。これを成仏という。

『歎異抄』第四条に「念仏して、いそぎ仏になりて」とある。仏になれば「大慈大悲心をもって、おもうがごとく衆生を利益するをいうべきなり」とある。これは一切万物が、生死も煩悩も、宇宙万有の千変万化がすべて大法からの表顕であるという智慧の眼をいただくことをいうのである。

真宗の教えから言うと、念仏以外の教えを「雑行」という。どの教えによってでも、畢竟依に行けばよいのであるが、我々は、その万行の中から一つを選ばねばならぬ。

電車と船と、同時に乗るわけにはいかぬ。親鸞聖人は「念仏のみ車」に法然上人のお勧めで乗託されたのである。

「雑修」とは、念仏の門に入っても、読誦、観察、礼拝、讃嘆供養に中心があって、お念仏が副になっているのを言うのである。

「自力の念仏」とは、念仏はしていても、自分が現に法中にあることが分からず、私の称える念仏によって、法を外に求めていることを言うのである。

反対の汽車に乗っているようなものである。しかし反対の汽車でも、すでに乗っている。乗っていれば、いつか乗り換えられるご縁が与えられるかもしれぬ。必ずある、必ずある。

「果遂の誓」がすでにたてられているのである。用意周到、まことにもったいない極みである。

「念仏は逃避である」という。「自力の念仏」は、その通り逃避行である。

「お前は夜空に向って、長い棹を振り回し、何をしているのか」

「あのきれいな星を落とそうとしているのだよ」

「それは駄目だ。屋根の上に登って落とし給え」

かくの如く、私たちは、雑行、雑修、自力の念仏で逃避行をやっているのである。しかし、いつか手は疲れるであろう。「自力」も逃避。「半自力半他力」も逃避。現に法中にあって、法から逃れて、自分の自由を探し回っているのである。

「唯除五逆誹謗正法」のお言葉の内容のお示しの如く、いずれの行も及び難きの日が来る。その時、阿弥陀仏の招喚にお遇いできる日がある。お遇いできた時に「前念命終」、私は死ぬのである。逃避行が終るのである。同時に「後念即生」の世界、「後生」の世界が開けるのである。「念仏して、いそぎ仏に」ならしめていただくのである。機法一体、身も南無阿弥陀仏、心も南無阿弥陀仏、森羅万象、南無阿弥陀仏と救済されるのである。

「機法合体」、これは私の意識に法の世界を引っ張って来て、助かったと信じている世界。しかし意識は流転する。この機法合体の十九願を邪定聚という。逃避である。末の通らぬ長続きのせぬ救いである。

「機法別体」、自力に絶望して、念仏の力で、私に安心をいただこうというのである。二十願と言われる。「念ずる時は明るく、忘れたら暗い」、未だ私が中心である。これも逃避行である。

しかし、念仏に摂取され、大法界一色に森羅万象塗りつぶされると、十九願も、二十願も、十八願も、大法からの所産で、逃避行も、如来行だったのだ。これを知らせ

ていただく智慧の眼を還相廻向という。南無阿弥陀仏

鮒の小骨

いつだったか忘れたが、誰かに私は尋ねられたことがあった。

「レコード盤の小さな線は何本あると思いますか」

と、私は数えたことがないので返事に困った。

「大きな盤は数が多いし、小さな盤は数が少ないでしょう」

と答えたら、

「みな同じですよ、一本ですよ」

と。そう聞けば、まことに一本である。歌謡曲で言えば、歌い始めて歌い終るまで、ただ一本の線を針はたどり続けているのである。

私たちの人生も、如来から賜った一本の道をたどっているのではあるまいか。胎内に宿った時から、レコードの針の動きは始まっているのである。そうして息の終ったとき、針は止まるのである。

私たちは、この如来から賜った私だけの一本の道を、何本にも数えたり、または他人のレコードと比較しては苦悩しているのではなかろうか。

善じゃ悪じゃ、勝った負けた、得した損した、及第した落第した。頭がよい頭が悪い。早死に長生き、幸福不幸。しかし、これらは区別できるものではない。その人その人、私は私で、レコードの盤は厳然と決定しているのである。

どくだみの花は臭いし、百合の花は芳しい。人参は赤く、大根は白い。これらは全て永遠に、過去から未来にかけて、善くとも悪くとも厳然と決定させられている。

蛇は蛙を呑み、憎まれ嫌われるし、蛙は蛇に呑まれて、いとしがられる。これも善悪を超えた鉄則である。万物はすべて然りである。人間もまた万物の中の一駒である。しかし、人間はこの鉄則からなんとかして逃れようと、あがき苦悩するのである。はたして、逃げ出せるであろうか。

親鸞聖人の比叡山での二十年の修行は、この決定された大法からの逃避行でなかったか。しかし逃れることはできなかった。「いずれの行もおよびがたき身なれば、とても地獄は一定すみかぞかし」とは、逃避できない苦悩の告白である。

法然上人に勧められて、今度は念仏の力で逃れようとなさった。これを自力の念仏という。

しかし、如来より賜ったレコード盤から、兆載永劫逃避しようと修行しても、念仏しても、それは叶わぬことである。ついに「果遂のみ誓」により、親鸞聖人はレコード盤を一筋にたどって狂いのない大法とご面会なさったのである。そこに「果遂の誓、まことに由あるかな」と慶喜あそばしておる。如来から賜ったレコード盤は千差万別である。一匹の虫から鳥から獣から人間に至るまで無尽蔵である。植物また然り、天体しかり。しかし、それら全てが、如来から賜ったレコード盤を、一分一厘狂いなく永遠から永遠にかけて、如来の歌を奏でているのである。

人間に例をとれば、幼児から少年青年、壮年老年に至るまで、ある時は悲しく、ある時は嬉しく、ある時は哀れに、ある時は怨めしく、ある時は腹立ち、ある時は憎み、如来から賜った天楽の歌を奏で続けているのである。

各々安立。賜ったレコードは全部の人間が全部異なっているが、如来の賜った線上を狂いなく舞っていることに疑いはない。「天上天下唯我独尊」とは、相手取っての独尊ではなく、如来から賜った尊い私だけの大切なレコードだったことを知らせていただいたお喜びの叫びではなかろうか。そうなると、「有情非情同時成道、草木国土悉皆成仏」の眼をいただく。一切万物がそれぞれ天与のレコードの所有者と見えるのである。

「大衆を統理して一切無碍ならん」のお聖語は、無始已来、如来の統理の中に、一切万物のレコードが、一糸乱れず運行していることを見せてもらって、自由人となりたいとの願であろう。

さて話は変わるが、旅行に行くと、時折、鮒の料理が出される。味噌汁の中に入れたり、大根おろしの中に生身を入れて、三杯酢で味をつけて「ソロバン」というのも大変においしい。

しかし、あの鮒の小骨には閉口する。もしこの小骨がなかったら、どんなに食べやすく、味も一段とおいしく感ずることであろうと思う。食べるたびに思うことである。しかし、私みずからを振り返って見るとき、私自身は、この小骨どころの騒ぎでない、社会の皆さまにご迷惑をかけどおしで生かさせてもらっているということである。私のレコードは、人さまに迷惑をかけどおしのレコードだったと、年取れば取るほど、責めたてられる思いが、しきりである。

百花みな香りあるごと人の世の人の仕草のみな香りあり

鮒の小骨も、どくだみの臭みも、蛇の仕草も、私の悪行も、南無阿弥陀仏の大悲だけは平等に救済してくださるのである。私はただただお念仏の摂取の中に息をつかさせてもらっている。

昭和五十三年（一九七八年）

人身を法身に変身させてくださるお念仏

『歎異抄』第一条に、

弥陀の誓願不思議にたすけられまいらせて、往生をばとぐるなりと信じて念仏もうさんとおもいたつこころのおこるとき、すなわち摂取不捨の利益にあずけしめたまうなり。

とあるが、摂取不捨の裏の声は「人身を法身にしてくださる」ことであると思う。たとえば、車に乗れば、自力は無効であり、ただ車のお運び一つである。阿弥陀仏に摂取されれば「前念命終」すなわち私の命と思っていた人身は死んで「後念即生」法身の私が誕生するのである。これが本願念仏の摂取不捨の真の利益である。「念仏成仏是真宗」と言われる所以である。成仏とは、法身だったことを知らせて救済してくださることなのである。

「三宝」の第一「大道体解」させていただけたことである。第一の宝を体解させていただくと、第二の「智慧如海」もおのずからに信知させられる。一切は大法のお仕事なのである。

また第三の「大衆統理」も成就する。無始已来一切（生死も煩悩も）大道の中に統理されて、微塵の矛盾もなく、全宇宙が運転させられているのである。

人身の時は矛盾だらけであった。人身は有限であるという思いに縛られていたからである。法身は無限の表顕であるから、無量無辺である。光雲無碍である。善悪浄穢が滅する。有限の身にあっては善悪浄穢が存在していたが、法身には、善も法、悪も法、浄穢も法の活動であって、善悪浄穢の入り込む隙間がない。

貪も法、愛も法、瞋も法、憎も法、ただただ南無阿弥陀仏である。ただただ南無阿弥陀仏とは、有限相対で煩悩熾盛の私を、お六字の法が摂取に来てくださって、貪愛瞋憎を「法」一色に塗りつぶし、法に変身させて私の苦悩を救済し給うのである。

法身になっても、貪愛瞋憎の苦悩は常に私の苦悩として残るが、人身の時は、ただそれに引きずり回されていたが、法身となれば、同じく苦悩は常に私の心を痛めるが、法中における貪愛瞋憎である。故に「たとえば、日光の雲霧に覆わるれども、雲霧の下、明らかにして闇きことなきがごとし」と仰せられる所以である。

まことにお念仏は「人身を法身に変身させてくださる」大利益である。有限の人身において、罪を滅してもらうとか、大難を小難にしていただくとかいう小利益ではない。有限の私の身と思って苦悩していた私を、絶対無限の法身に変身させてくださる。「等正覚」の大利益をくださる広大無辺のご利益である。『妙法蓮華経』を体解させてくださる天上天下唯一の大方便力である。

「妙法」とは、宇宙万有を千変万化させて、無始無終理路整然と、一糸乱れぬ大法界のことである。その正定聚不退転の妙法から、白蓮華の如く、妙法の一子としてここに現に存せしめられているという『妙法蓮華経』を真に私に体解せしめてくださったのが、お念仏さまだったのである。

「本願を信じ、念仏申さば仏になる」という大真理を体解して、私に見せてくださったのが親鸞聖人です。私もそのみ跡を辿らせてもらって、私も「如来大悲」の本願念仏に身を粉にしてもその恩徳に感謝申し上げたいことである。そのみ跡を辿らせてもらうとは何か。

親鸞聖人はつねに「隠顕」と仰せられる。一方を棄て、一方を立てる「廃立」を極力排せられる。これは娑婆人身の世界である。法界に転入させてもらうには必ず「隠顕」の道を辿らねばならぬ。それを三願転入と仰せられる。

二十年の比叡山の修行は「顕」である。その顕の行き詰まりに「隠」のみ声が響いてきた。「罪悪深重、煩悩熾盛」の身の外に、何ものもないということである。ここに本願念仏の身となられた。

しかし念仏の中にまた「顕」がある。「罪福信じ善本をたのめば辺地にとまるなり」これが「顕」である。いかに罪福を祈念しても、それが成就せぬところに、自力の念仏無効のところに、「隠」のみ声が響いてきた。「果遂の誓」が成就して、南無阿弥陀仏の他力の廻向をいただかれて法身に変身させていただかれたのである。「等正覚」の身となさしめ給うた。

しかし、法身に変身させてもらったのが結論ではない。即刻「滅度」のご利益が廻向されたのである。

法界には、生死があって生死がない。無生の生である。無死の死である。ここに四十八願の根本の志願であった第一願「無三悪趣」の願が成就させられた。煩悩があって煩悩がない。無煩悩である。煩悩の流れを渡らせてもらったのである。必至滅度の願成就である。

浄土真宗で「二益」というが、お念仏によって、法身と変身させてもらったのが第一の益。第二の益は、生死の苦、煩悩の苦を、生死即涅槃、煩悩即菩提と信知せしめての救済が第二益である。

即身成仏のできない凡愚低下の私のために、大悲のお念仏を廻向して、等正覚に至らしめ、しかして滅度を成就せしめてくださった本願念仏のかたじけなさよ。南無阿弥陀仏

無縁の大悲

「無条件の慈悲、相手の如何を問わず一切平等に救う慈悲心」等と辞書にはあるが、その無縁の大悲に、どうしたら遇えるかということが問題である。それは私には、阿弥陀仏の本願念仏の大悲によりて遇わしめていただいたのである。

次のような、み歌がある。

たのめとは助かる縁のなき身ぞと教えて救う弥陀のよび声

阿弥陀仏のお呼び声によって、この大悲に遇わしめられたのであるが、阿弥陀仏は私に、どう呼びかけてくださったのであるか。「われをたのめ」と仰せになる。では、「たのめ」とはどうたのむのか。その内容がこの歌なのである。

「お前には、どこをどうさがしても助かる縁はないぞ」というお呼びかけである。これが阿弥陀仏の大悲である。

いったい、法蔵菩薩が、阿弥陀仏に成仏なされた因はどこにあるのだろうか。法蔵菩薩は、兆載永劫の修行の末に成仏なさったとあるが、その意味は、兆載永劫修行して、その修行が成就して成仏なさったのではない。兆載永劫修行しても大法に一指も触れることのできないという、助かる縁のなき身となられた場において、法蔵菩薩は大法の摂取に遇われ、阿弥陀仏と成仏なさったのである。

しかれば、「助かる縁のないということ」が成仏の種である。だから、「助かる縁のない身だぞ」とのお呼びかけが大悲である。四十八願の中に、わざわざ三願をお建てくださって、具体的に、助かる縁のないことを教示してくださっている。十九願では、「万行諸善これ仮門」で、万行諸善をやっても、助かる縁のないことを教えてくださっている。

そうして「早く念仏せよ」と。念仏しても「唯除五逆誹謗正法」で、五逆罪を犯したものは、また正法を誹謗したものは、念仏しても絶対救いはないぞと仰せられる。ここに自力の念仏も、大法を壊すわけにはゆかないとの仰せである。

念仏にも棄てられたところに、「南無阿弥陀仏とたのませ給いて、浄土(法界)に迎えてくださる」本願念仏の摂取が用意されていたのである。すなわち、こちらは不廻向、阿弥陀仏より廻向してくださる摂取の念仏である。

阿弥陀仏は「助けるぞ、助けるぞ」とは仰せにならぬ。「ただ、われをたのめ」と仰せになる。その「たのめ」には条件がある。それは「お前には助かる縁はないぞ。絶対にどこをさがしても助かる縁はないぞ」との条件である。「無縁」が大悲である。「絶対助かる縁はない」とのお呼びかけが大悲である。絶対助かる縁の尽きたところが摂取不捨のご利益である。

「娑婆の縁尽きて力なく終る時に、かの土へはまいる」とは肉体の姿において、心の世界を証明してくださってある。

自力の念仏においては「唯除五逆誹謗正法」を五逆の罪を犯した人、正法を誹謗した人を除くと読む。摂取されると、摂取して、五逆の罪を除いてやるぞ、正法を誹謗した罪を除いてやるぞの仰せであることがわかる。

「唯除五逆、誹謗正法」が阿弥陀仏の大悲のキーポイントである。「救いはないぞ、助けはないぞ」と、呼びづめの大悲である。だから「罪障功徳の体となる」のである。

「障り多きに徳多し」である。罪障が阿弥陀仏の大悲に遇うキーポイントである。罪障から逃れたいだけが私の一心である。しかし、阿弥陀仏は「逃れられない。絶対逃れられない、助かる縁はない」とのお呼びかけである。その板ばさみのところに、迎えに来てくださる先手をかけてのお念仏である。

「念仏もうさんとおもいたつこころのおこるとき、すなわち摂取不捨の利益にあずけしめたまうなり」である。機法一体の南無阿弥陀仏である。

「地獄は一定すみかぞかし」で押さえると、「機募り」になる。「一切如来のはからいだ」と、助かる縁のない機を通さないと「法募り」となる。

重ねて言うが、「たのむ衆生を助ける阿弥陀仏」と言うが、私からたのむのではない。「たのんでも、たのんでも助けはないぞ、助けはないぞ」のお呼びかけが、たのむ第一の条件である。

散るときが浮かぶときなり蓮の花

散る時とは、私には無救済ということである。私が死ぬ時である。「浮かぶ」とは、私が死ぬことである。助かるのではない。私の自由が死んで、法界が顕現することである。顕現せしめていただくことである。

「ただそれ絶対無限に乗託す。故に死生の事、また憂うるに足らず」と、娑婆に法界を引っ張って来てはいけない。「死生」のことは、そのままである。生はうれしく、死は悲しく不安である。心配である。貪愛瞋憎に手をかける手がなくなったのである。

貪ぼとけ、愛ぼとけ、瞋ぼとけ、憎ぼとけ。嫌なままに南無阿弥陀仏である。助けがないから南無阿弥陀仏、逃げ場がないから南無阿弥陀仏。

三　悲

小悲・中悲・大悲とありますが、衆生縁を小悲、法縁を中悲、無縁を大悲と記してあります。

「衆生縁」というのは、人生八十年間におけるお慈悲のことだと思います。人生八十年の毎日毎日のお慈悲の交換は一番大切のことですが、なぜ「小悲」といわれるかと申しますと、末が通らぬからと思います。

『歎異抄』第四条の「聖道の慈悲」の条を思い起こします。

聖道の慈悲というは、ものをあわれみ、かなしみ、はぐくむなり。しかれども、おもうがごとくたすけとぐること、きわめてありがたし。（中略）今生に、いかに、いとおし不便とおもうとも、存知のごとくたすけがたければ、この慈悲始終なし。

まことに、親の心からの慈悲をもってしても、定められたいとし子の生命を救済するわけにはいきませぬ。

次に「法縁」とは、人生八十年に末の通った慈悲を見出せぬときに、法を聴聞するという方向に心が向くのを言うのだと思います。

清沢満之師のお言葉を借りますと、
自己とは他なし、絶対無限の妙用に乗託して任運に法爾に、この現前の境遇に落在せるもの、すなわちこれなり。ただそれ絶対無限に乗託す。

宇宙万有の千変万化は、皆これ一大不可思議の妙用に属す。

とあります。八十年の有限相対の私があって私があるのでなく、私は絶対無限の、永遠不変の法界からの顕現です。ここに「法縁」に触れさせてもらう慈悲が恵まれるのです。

しかし、なぜに法縁を「中悲」と言われるのでしょうか。「得たるは得ぬなり、得ざるはやがて得るなり」と仰せになったという蓮如上人のお言葉が思い出されます。「得たる」とは、私の意識において納得した「納得安心」をいうのではありますまいか。納得したものは、いつか壊れる日があります。また、得た人は、得ざる人をさばき、「自利利他」になりません。それで「中悲」と言われるのでないでしょうか。

「四依」のお言葉を思い起こします。

釈尊が涅槃に入り給う時に、並居る諸の比丘に語り給うよう。「汝等、今日より一、ただ教法に依り、人に依ってはならぬ。二、義理に依り、言葉に依ってはならぬ。三、智に依り、識に依ってはならぬ。四、了義経に依り、不了義経に依ってはならぬ。これを四依という」

「中悲」は、三の智に依らず、「識」に依っているのではないかと思います。識に依りますと、流転輪廻の罪を犯すことになります。人に依るな、言語に依るな、識に依るな、まことに尊い尊いご教示ではないでしょうか。

大悲をば忘れてただに無意識に識の流転の悲しからずや

大法を私の意識のほうに引っ張ってまいりますと、流転上の大法となって、永遠性を失います。大法も意識の流転の一片となります。悲しいことです。

では、「無縁」を「大悲」と言われることは、どういうことなのでしょうか。

「得ざるはやがて得るなる」の蓮如上人のお言葉どおりと思います。お念仏を称えて私は助けてもらう身と思っていたが、「唯除五逆誹謗正法」と切って落とされる日があるのです。「臨終つきつめて仏法聞け」のお言葉もあります。

『歎異抄』第四条に「慈悲に聖道・浄土のかわりめあり」として、

浄土の慈悲というは、念仏して、いそぎ仏になりて、大慈大悲心をもって、おもうがごとく衆生を利益するをいうべきなり。（中略）しかれば、念仏もうすのみぞ、す

えとおりたる大慈悲心にてそうろうべきと云々

とあります。

前述の「智に依り、識に依ってはならぬ」とありますが、浄土真宗では「智に依る」とは、ご廻向のお念仏の摂取にあずかるということです。

識の極点において、親鸞聖人もお念仏申される身になられたのです。二十願の半自力半他力と言われるのは、識の中のお念仏をいうのだと思います。

唯除五逆誹謗正法と切って落とし下に涙の大悲まします

お念仏申さんと思い立つ心の起こるとき、「識」を切って捨ててくださって、大法の摂取のご利益を蒙るのです。識が死ねば識も大法中のものとなり、三世十方大法界です。

南無阿弥陀仏をとなうれば　この世の利益きわもなし

流転輪廻のつみきえて　定業中夭のぞこりぬ（「現世利益和讃」）

識が間に合わない「無縁」のところに、「南無阿弥陀仏とたのませ給いて、法界に迎えんとおぼしめしたちける本願のかたじけなさよ」「老少善悪」そのまま如来の掌中に摂めくださる大悲がお待ち受けくださっていたのです。

「往相なされた菩薩が、衆生済度に還相に出かけられたら、有情非情、草木国土、一切が大悲のみ光の中にあって、度すべき何もなかった。これを園林遊戯地門と言う」とも書かれています。助かる縁を失ったものこそ、無縁の大悲の懐に無始已来抱かれていたことを信知させていただけるのではありますまいか。南無阿弥陀仏

怨み怨まれそのままに

久しぶりに富来の石谷さんのご法座に行った。奥の座敷に通されたら、床の間に私の書いた軸が掛けてあった。

　浮き沈み怨み怨まれそのままに南無阿弥陀仏のお手のまん中

「この軸はいつ書いたのでしたかね」

「ずっと以前に小室さんでたくさん書かれたとき、私はこれを貰って来たのです」と、奥さんは言われる。この歌は、小室さんでできた歌でなく、もう三十年も前の歌である。三十年の心境と、現在今の私の心境と少しも変わっていないなあと、私は心の中で思うことであった。

　この歌は、九州の以前大地主であった方が、私に苦衷を訴えられたとき、ふとできた歌である。終戦後、田地を全部失ったK氏は、生活の資として質屋を始められたと

のことである。不馴れのK氏は、毎日怨んだり、怨まれたりの生活だと言われる。
それは、素人で物の目利きが十分でないので、大したものでないのに大金を貸してやって、その残念さが怨みとなって夜もろくろく眠れない。また、いつまでも引き取りに来ないので、流したあとで、

「あれは父の形見の品だった、もっと置いていてくれたらよかったのに。やっと金ができたので今日取りに来たのに」

と、怨み言を客にさんざん言われる。「毎日、怨んだり怨まれたりの苦しい生活です」とのお話だった。

大地主が一転して下に転落する。その時、この歌がふと浮かんで、K氏にも一筆軸を書いたことであった。

『正信偈』の中に、

すでによく無明の闇を破すといえども、貪愛・瞋憎の雲霧、常に真実信心の天に覆えり。たとえば、日光の雲霧に覆わるれども、雲霧の下、明らかにして闇きことなきがごとし。

とある。この歌は、この偈と同じ信境だと思っている。「思っている」とは他人ごとのようでちょっとおかしい言葉かもしれないが、いったい歌は作るものでない。生ま

れるものである。いただくものである。歌い上げて、あとで思えば同じ信境だなあと思うことである。

「雲霧の下、明らかにして闇きことなきがごとし」とは、私にとっては「雲霧」は、「浮き沈み怨み怨まれ」であり、「下、明らかにして闇きことなきがごとし」は、「南無阿弥陀仏のお手の真ん中」ということである。

K氏は、三十年後の現在も、浮き沈み、怨み怨まれの生活だと思う。私も七十幾歳になっても、いよいよ浮き沈み、怨み怨まれの生活の連続である。しかし、南無阿弥陀仏のお手の真ん中である。

「お手の真ん中」など、意識して言っているのではない。言葉に載せれば、お手の真ん中である。機法一体の南無阿弥陀仏である。

称うれば我も仏もなかりけり　南無阿弥陀仏　南無阿弥陀仏

これは、有名な一遍上人のお歌である。はじめは「称うれば我も仏もなかりけり、南無阿弥陀仏の声のみぞして」だったそうだが、お師匠さまからどうしても印可がもらえなかった由である。「南無阿弥陀仏、南無阿弥陀仏」となるのには、幾年もかかられた由である。「声のみぞして」に問題があったのである。

船に乗ったら、船もあり客もあるが、船もなくまた客もない。客船一体である。

乗り込めばお客も船もなかりけり　南無阿弥陀仏　南無阿弥陀仏

「声のみぞして」という世界を、機法合体というのであろうか。

昨日ある知人が死なれたという知らせで、私は左の二首を書いて色紙を送った。

無量寿の国より生まれ無量寿の弥陀のみ国に帰りたまえり

寂しきは寂しきままがそのままが弥陀のいのちのみ流れと聞く

言葉にのせれば、かくの如きであるが「南無阿弥陀仏、南無阿弥陀仏」である。

握りたる信心消えて明らかや大法界のみな命なり　南無阿弥陀仏　南無阿弥陀仏

昭和五十四年（一九七九年）

後世を知るを智者とす

それ、八万の法蔵をしるというとも、後世をしらざる人を愚者とす。たとい一文不知の尼入道なりというとも、後世をしるを智者とすといえり。（『御文』五帖二通）

後世とは、いったいどういうことなのであろうか。私たちは、有限の母から生まれ、私も有限の命と思っているときは、これは現世であろう。母も私も一切が絶対無限の法界から生まれ、ここは法界だということを知るのを、智者とすと言われるのではなかろうか。

釈尊は、お城におられた時は、現世の有限の世界におられたので、無常に責めたてられ、その苦悩にさいなまれて、出城なさって、後世をさがし求められたのであろう。「さとり」を開かれたというのは、後世が見つかって、自分は不壊の「法身」であるということを信知されたのをいうのであろう。

親鸞聖人も、有限の現世に強迫され、比叡山に後世を求めて登られたのである。では、いかにして「後世」が見つかったのだろうか。善導大師は「自身はこれ現に罪悪生死の凡夫」と仰せになる。

いよいよ、命あるものを殺して、食べて、今日の命がある。しかるに、よけいに食べれば食べるほど、一番大切な私の命はすり減らされ、老いの白髪となり、やがて火葬場行きである。この事実は、曠劫よりこのかた、一人たりとも逃れることのできぬ鉄則である。また未来永劫にこの鉄則の牢獄より、蟻一匹も出ることはできぬ。

この鉄則に強迫されなかったら、あの豪華な宮殿を出られるわけがない。天人も髪にかざした花が萎れると言われる。無常は王子さまも庶民も平等である。私も然り。釈尊は、現世のこの鉄則から逃れようと六年間、四苦八苦、万善諸行をあそばしたのである。親鸞聖人も二十年この鉄則を破ることに懸命になられた。しかし無駄であった。修行している自身が、タドンである。罪悪犯して食わねば命が保てない。一日食えば一日命の縮まる私はその本体である。いかに磨いても磨いてもタドンは白くはならぬ。身も心もタドンそのものである。絶望である。絶望すればするほど、煩悩熾盛である。二河白道の三定死の旅人である。

釈尊は救済絶無のところに、後世の大悲に遇われたのであろう。親鸞聖人は、救済絶無のところに本願念仏に遇われたのである。聖道門は、救済絶無のところに直ちに後世に生まれるのをいうのであろう。親鸞聖人は救済絶無になればなるほど、煩悩熾盛になられた。そこに「方便法身尊形」の阿弥陀仏の摂取に遇われたのである。これが浄土門である。

私の顔は、私の顔でありながら、私のこの眼では見ることは永遠に不可能である。元来、私たちは生まれながらに、また万物も一切、法界から出生した法身ならざるものはない。後世から生まれ出た「後生」の身なのである。しかし、私の分別では、それが絶対に分からないのである。

「鏡」という方便によって、私の顔を見ることができるように、私の分別では信知できないから、法界を極楽浄土として、十万億仏土を過ぎて国ありと説いてある。その法界に往くには、鏡の方便によっての如く、本願念仏のご方便によって、法界を知らせていただくのが、浄土真宗の教えである。

「万行諸善これ仮門、念仏成仏これ真宗」「本願を信じ念仏もうさば仏になる」これが浄土真宗の教えである。

一文不知の尼入道でも、この「弥陀の誓願不思議にたすけられまいらせて、往生をばとぐるなりと信じて、念仏しようと思いたつ心のおこった時」摂取不捨のご利益にあずかり、鏡によって自らの顔を見せていただく如く、極楽浄土、法界に生まれさせていただく、後世を知らせていただくのである。これが浄土真宗の教えである。

親鸞聖人は、この本願念仏のご方便を「如来大悲の恩徳は身を粉にしても報ずべし」と仰せになっている。この本願念仏を伝統してくださった師主知識の恩徳も骨を砕きても謝すべし」と仰せになっている。

「一文不知の尼入道なりというとも」とあるが、お念仏が届いてくださるのは、一文不知の「世の盲冥」にならねば、法身の光輪は照らしてくださらないのではあるまいか。三願転入のお示しの如く、十九願の要門に棄てられ、二十願の真門に棄てられたところに、阿弥陀仏自らが、お迎えに来てくださるのが十八願の真如の門ではあるまいか。右の手を取られ、左の手を取られ、われに手のなしの盲冥のところに、法界から、後世からお迎えに来てくださる阿弥陀仏の大悲である。

阿弥陀仏の摂取によって、後世を知らしめていただいた人は、まことに智者である。我に手のなし南無阿弥陀仏の人は、すべて如来の掌中の身と知らしめられ、また万物も然りであることを知らしめられ、大自由人となさしめ給うたのである。「愚禿親鸞」と仰せになったおよろこびが、心から肯定させられることである。南無阿弥陀仏

在家仏教と出家仏教

ある本を拝読していたら、左の言葉にぶつかった。

「家庭というものは出家の世界でなく在家の世界です。真宗のお寺というものは出家と在家という、そういう全く相反した二枚のものが一枚になっておるというが、いわば極楽と地獄が二枚重ねになっているというようなそんな姿をとっているわけでしょう。だから出家しよう、家庭を出ようとすると、そのまま寺を出てしまうということになる。

　では、寺に居ろうとすると、そのまま寺というものは出家の世界であり、その出家の世界に居るということは、そのまま在家の生活に止まることになるという全く絶対矛盾的自己同一的のあり方を本質的にしているわけです。云々」

この文を読んで、私は在家仏教と出家仏教について、関心を持たれたことである。

　浄土真宗は、出家仏教でなく、在家仏教である。親鸞聖人は二十年間、出家仏教によって開眼を求められたが、全く不可能のところに、下山して法然上人にお遇いになり、在家仏教の教えに帰命されたのである。

「自力聖道を棄てて、本願他力に帰す」のお言葉がある。本願他力の教えは「本願を信じ念仏申さば仏になる」ということの一事である。

当流、親鸞聖人の一義は、あながちに出家発心のかたちを本とせず、捨家棄欲のすがたを標せず、ただ一念帰命の他力の信心を決定せしむるときは、さらに男女老少をえらばざるものなり。(『御文』一帖二通)

蓮如上人の『御文』には、出家仏教でないことを、在家仏教であることを繰り返し、巻き返しご教示になっている。

それで、浄土真宗の寺院は、絶対矛盾的自己同一的な在り方を絶対にしてはいないのである。だから親鸞聖人は肉食妻帯なさったのである。肉食妻帯の中に、ひたすら念仏申されたのである。

まず、当流の安心のおもむきは、あながちに、わがこころのわろきをも、また、妄念妄執のこころのおこるをも、とどめよというにもあらず。ただあきないをもし、奉公をもせよ、猟、すなどりをもせよ、かかるあさましき罪業にのみ、朝夕まどいぬるわれらごときのいたずらものを、たすけんとちかいまします弥陀如来の本願にてましますぞとふかく信じて、一心にふたごころなく、弥陀一仏の悲願にすがりて、たすけましませとおもうこころの一念の信まことなれば、かならず如来の御たすけ

にあずかるものなり。（『御文』一帖三通）

この『御文』を見ても、本願念仏の救済は、在家のいたずらものを、仏にしてやろうとのご誓願である。

では、肉食妻帯に満足しておればよいのかというと、そうではない。親鸞聖人のお言葉に「非僧非俗」とある。僧にあらずとは、出家仏教には歯が立たないという意味であろう。俗にあらずとは、肉食妻帯にただ満足できぬというのであろう。

「罪障功徳の体となる」のお言葉があるが、在家生活のあさましさをお目当てにして成就くださったお念仏である。念仏によって成仏させてやろうとの大悲である。

浄土真宗では、浄土に往生させて、それから成仏させてやろうというお手立てである。

安楽仏国に生ずるは　畢竟成仏の道路にて
無上の方便なりければ　諸仏浄土をすすめけり（「曇鸞和尚和讃」）

のご和讃にお示しの通りである。

まず、往生極楽（浄土）である。関東の同行にも、それを第一に確かめてある。

おのおの十余か国のさかいをこえて、身命をかえりみずして、たずねきたらしめたまう御こころざし、ひとえに往生極楽のみちをといきかんがためなり。（『歎異抄』第二条）

と。話はそれるかもしれないが、その往生極楽の道について親鸞聖人は、
しかるに念仏よりほかに往生のみちをも存知し、また法文等をもしりたるらんと、こころにくくおぼしめしておわしましてはんべらんは、おおきなるあやまりなり。（中略）親鸞におきては、ただ念仏して、弥陀にたすけられまいらすべしと、よきひとのおおせをかぶりて、信ずるほかに別の子細なきなり。（『歎異抄』第二条）
と。浄土真宗は「ただ念仏」である。機のほうに手をかけぬのである。
「法身の光輪きわもなく、世の盲冥をてらすなり」いよいよ機の罪障の深きほど、弥陀の大悲は働き給うのである。
「信ずる」ということに、私たちはひっかかるが、一度でもお念仏が口を割ってくだされば、それで十分である。よしんばそれが自行の念仏であろうと。
信ぜざれども、辺地懈慢疑城胎宮にも往生して、果遂の願のゆえに、ついに報土に生ずるは、名号不思議のちからなり。これすなわち、誓願不思議のゆえなれば、ただひとつなるべし。（『歎異抄』第十一条）
出家仏教（聖道門）と在家仏教（浄土門）の相違をいよいよはっきりさせてもらって、いよいよ南無阿弥陀仏の大悲さまである。

摂取の大悲

散るときが浮かぶときなり蓮の花

という句があるが、散るときというと、花の萼から花びらが離れて落ちなければ、水には浮かばぬのである。私たちも生死を離れなければ、法水に浮かばぬのである。

雪山童子の話に、はじめに「諸行無常、是生滅法」という声を羅刹から聞いたのである。

「宇宙万有の千変万化はみな是、生滅という法則の所産である。唯単に無秩序に移り変わっているのではない。秩序正しく、一分一厘狂いのない大法則によって運行されているのである」

ということをである。童子は、まことにその通りであるという「法縁」に遇って、心の中に清涼なるものを感得したのである。

しかし、現実の生活と、その悟りとが、どうもうまく歯車が噛み合わぬのである。生死も煩悩も、その大法則のもとに顕現しているのであるが、自分の胸の中は常に、生死と煩悩に、さいなまれ、強迫されて、苦悩している自分が残っている。

昭和五十四年（一九七九年）

そこで、童子は羅刹に尋ねた。

「諸行無常、是生滅法の外に、まだ半偈が残っているのではありませんか」

「残っている」

「では、どうぞあとの半偈をご教示願いたい」

「わしは今腹が減っているので、その半偈を言う力がない」

「では、何でもお好きなものを差し上げますから教えてください」

「そうか。それでは言うが、お前の血と肉とが欲しいのだ」

これにはさすがの童子も驚いた。血と肉とを与えると死んでしまうので、あとの半偈が聞けない。しかし聞きたい。ついに決心した。

「私は逃げも隠れもしませぬ。必ず私の血と肉を差し上げます。しかし、私が死ねば、その半偈が聞けないから、先に教えてください。お聞きしたら、さっそく私の血と肉とを差し上げます」

この血と肉とを差し上げますと決意したとき、おのずからにして、次の偈は童子の心に聞こえてきたのである。

「生滅滅已、寂滅為楽」

童子の花びらは、このとき散ったのである。そうして法水に浮かんだのである。法界に法身の身となったのである。

さて、この自ら自分の身を羅刹に投げ得たとすれば、これを「聖道自力」聖道門と言うのである。

私は投げ得るであろうか。親鸞聖人はどうであったであろうか。親鸞聖人は二十年修行なさったが、ついに身を投じ得なかったのである。「愛欲の広海に沈没し、名利の太山に迷惑して」との仰せの如く、万行諸善をやっても、いよいよ恩愛甚だ絶ち難く、生死甚だ尽き難しの自己しかなかったのである。

ここに「聖道自力を棄てて、本願他力に帰す」との御告白がある。ここに弥陀のご誓願に遇われたのである。

念仏もうさんとおもいたつこころのおこるとき、すなわち摂取不捨の利益にあずけしめたまうなり。（『歎異抄』第一条）

「摂取の大悲」にお遇いあそばしたのである。汽車に摂取されたものは、おのずからに自力無効であり、ただ汽車のお運びのままである。弥陀の本願は、老少善悪を同乗させてくださるお誓いである。汽車然り、船然り、飛行機然り。その如くおのずからに「大道体解」のご利益を頂戴なされたのである。

「煩悩を断ぜずして涅槃を得」とは、この大悲を言うのである。生死を離れずして生死を離れたと同じ境涯を頂戴するのである。聖道門の人と同じく「散るときが浮かぶときなり蓮の花」と同じ世界に運んでくださるのである。正覚の人と同じ世界にさせていただくのである。これを「等正覚」と仰せられる。直接に生死を離れるのでなく、煩悩を断じて涅槃を得るのでなく、その間に弥陀の摂取によって、生死のまま、煩悩を断ぜぬまま、法界に転入させていただく大悲なのである。

弥陀の誓願は「罪悪深重、煩悩熾盛の衆生をたすけんがための願にてまします」とある如く、愛欲の広海に沈没し、名利の太山に迷惑して四苦八苦している地獄一定の苦悩者を摂取してお救いくださるのである。「お救いくださる」という内容は如何。仏法は個人の利益の救いではない。摂取して、個人を滅して法界に転入させてくださるお救いである「無縁の大悲」なのである。

地獄から救い上げて個人を助ける仏は化仏である。欲楽仏である。真仏は地獄の下にましますす。いよいよ地獄に沈みゆくごとに、私個人の救済絶無のところに法界から法身の阿弥陀仏が摂取にましますのである。「罪障功徳の体となる」「障り多きに徳多し」のお言葉が、ここではじめていただけるのである。三世十方、無量寿の法界であり、無量寿の法界であり、不可思議の光明土である。

「南無阿弥陀仏とたのませ給いて迎えんと思し召したちける本願のかたじけなさよ」

南瓜と西瓜の話

私はどこに行っても南瓜と西瓜の話をする。

こちらの畑に顔のでこぼこの南瓜がいた。向こうの畑に顔にまん丸い美人の西瓜がいた。南瓜は、向こうの畑の西瓜を見ては、いつも自分の顔の醜いことが気になり、西瓜の顔をうらやましく思った。そうして毎日タワシで自分の顔をこすって、西瓜の顔のように丸くなろうと精進努力した。しかし、自分の顔に傷がつくだけで、かえっていよいよ見苦しい顔になった。南瓜は根尽きて、お念仏を称える身になった。しかし、お念仏も効力を発しなかった。

「私の身は仕方ありません。せめてこのたび生まれる子どもは、どうか西瓜のような、まろやかな美人にお願いします」

やがて南瓜の子が生まれた。祈りの甲斐あって、まろやかな子どもが生まれた。南瓜の親はよろこんだ。

昭和五十四年（一九七九年）

「ああ、お念仏のお陰さまで美人の子が生まれました。ありがたい、ありがたい」と涙流して感謝しました。ところが、悲しいことに、十日経ち、一か月経ち、子どもの南瓜が成長するうちに、だんだんと子どもの南瓜はでこぼこができて、最後には親そっくりの醜い南瓜になってしまった。

自力も尽き果て、自力のお念仏にも棄てられた南瓜は、そこに阿弥陀仏のみ声が聞こえてきた。

「西瓜も南瓜も、私のいのちから生まれ出た尊い私の子なのだ。私の与えた顔なのだ。美しいとか醜いとかで苦悩するのも無理はないが、永遠不変のそのままが定則なのだ。姿も味も永遠不変の大法からの所産なのだ。南瓜は南瓜の姿、西瓜は西瓜の姿、南瓜は南瓜の味、西瓜は西瓜の味。万物すべてがそうなのだ」

私はこの話をどこに行ってもするらしい。何度も何度もするらしい。それで、この話をすると、参詣している人たちが顔を見合わせてクスクスと笑う。また南瓜と西瓜の話だと。

私はある在所に行った。法話がすんで、一人の婦人が私の部屋をたずねて来た。「南瓜と西瓜の話が出ると、私も長い間、みんなの人と一緒になって笑ってきました。『またはじまった』と、私はある軽蔑の心で笑ってきたことを告白申します。もっとほかに話の種はないのだろうかと、あとで皆といつも笑いこけてきました。

先般主人が長い患いの後、看護の甲斐もなく、ついに死んで逝きました。私はそれから悶々の日が長く続きました。そうしてある日突然、先生の南瓜と西瓜の話が心の中に閃いてまいりました。

ああ、先生は、この世界のことを、巻き返し繰り返して私のために話してくださっていたのだと、私の眼からとめどなく涙が流れ出ました。そうして私は、お仏壇にお灯を上げて、阿弥陀さまに掌を合わせてお念仏させていただきました。涙の中に、阿弥陀さまは微笑んでくださるようでした。

長患いして死んだ主人も助かりました。お浄土に帰ったのです。私も助かりました。『このままのお救い』ということがはっきりいたしました。

先生のお話を長い間笑ったことをお許しください。そうして今から、どこに行かれても、この尊い南瓜と西瓜のご法話を必ずしてあげてください。千万人が軽蔑しても、大声で笑っても、先生お願いします。必ずしてください」

思い起こせば、私は、この話はずっと前からしていたらしい。もう大学を卒業されているると思うが、あるお寺のお嬢さんが、たしか小学二年頃だったと思う。年賀状に、「あけましておめでとうございます。南瓜と西瓜のお話はよく分かりました。ありがとう」

と書いてあった。あの葉書は、ちゃんと文箱に始末してあるはずである。

私は『法爾』の前月号に、念仏のうた「大悲の中に」から、もしお気に召すのがあったら十首選んで送ってくださいとお願いをした。あちこちからたくさん送ってきてくださった。そのお方のご信心から一首一首選んでくださって、私はありがたく拝称させてもらっている。そうして、しみじみと十方微塵世界のすみずみまで、お念仏が満ち溢れていることを、重ねて知らせてもらって、もったいないことと思った。

お家に阿弥陀仏のお仏壇のあることが、その人は意識しなくとも、阿弥陀仏の摂取に遇っていられるのである。時節の到来したとき、すでに摂取されていたことが知らされる。

「念仏なんかするものか、もう一度元気になって、大いに張り切るのだ」

と啖呵を切っていた人が、病気が重くなって、自らが自らの力で自らを支えることのできないと知られたとき、それから水も飲まず、臨終まで三日間、お念仏を称え続けて、息を引き取られたと、ある方から聞いた。お念仏の悪口を言っていることが、すでに摂取の中の人である。眠って聞いていても毛穴から阿弥陀仏はお入りなさると聞くが、このごろそのことが肯定されることである。

絶対無限の大法から、方便法身尊像として、み姿をとって摂取にきてくださった阿弥陀仏である。この仏に摂取されていたことを知らせてもらうほかに、人間の真に救済される道が別にあるであろうか。南無阿弥陀仏

弥陀の掌中

寺院の報恩講がすむと、在家のお内仏の報恩講が始まる。

私が毎年行く、ある在家における話である。いつも勤行の前に夕飯をいただくことになっている。そのお給仕に来られるそこの主人が、毎年次の話をなさる。

「私の父は、死なれる前に『お内仏のみ扉を開いておくれ。そうしてお勤めをしてくれ』と言われるので、『正信偈』をお上げして、『往生安楽国』と私がおリンを三つたたくと同時に、父の息は切れたのです。父は立派なお方でしたから、また立派な大往生を遂げられました。ところが、隣のおじいさんは、平生あまりよくない人でしたから、胸を掻きむしって、七転八倒して死なれました。父は間違いなく浄土の蓮華台に乗せられて、安らかな日々を送っていられるでしょうね。お隣のおじいさんは、地獄

の釜の底で、今でも狂い回っているでしょうね」

と、いつもこの話をされるので、ある年私は申し上げた。

「このお二人は諸仏さまであって、あなたはどちらの死に方をなさるかと見本を見せてくださっているのです。あなたはどちらの死に方で逝くのですか」

と私が聞くと、その主人はまったくびっくりされた様子をされて、

「私ですか。私のことなど一度も考えたことはありません」

「では、今お考えなさってはいかがですか」

「今すぐ思いつきませんから、煙草一本吸わせてください」

主人は煙草二本吸っての返事が、次の通りであった。

「私は、うちの父ほど立派な行ないはしていませんし、また隣のおじいさんほど悪いこともしていませんから、私は極楽と地獄の中間くらいのところに行くのではないかと思います」と。

「それは、あなたの勝手な判断です。あんな善人と言われた方が、病気で何年も寝たきりで苦しんでいる人もあるし、あんな悪人はないと言われた人が、四、五日の病で、ころりと安らかに死ぬ人もあります。それで死後のことも、この世の善悪では決まらぬと思います。

問題は、隣のおじいさんのように胸掻きむしって死んでもよろしいという心境を、今いただいておくことが、私の大安心ではないでしょうか。死後地獄の釜の底にのたうち回ってもよろしいという心境をいただいておくことが大切と思います。極楽の蓮華台に上がっても、落ちる危険性があります。またその中間に行っても落ちる可能性はありますね」

「しかし、地獄の釜の底に落ちたら大変です。私はそんなところに安住なんかできるものではありません」

「だから、親鸞聖人は、地獄は一定住家ぞかしの苦悩の絶頂のところに、お念仏に喚ばれ、弥陀の本願（誓願）のご摂取にお遇いなされたのです」

そうして私は次のお話を申し上げた。

私が刑務所に法話に行ったとき、六十歳くらいの男の人が、話の中途から泣きだし、最後までしきりに涙をふいていました。あとで、その人に私は尋ねたのです。

「なんであなたはあんなに泣いていたのですか」

と。その人は答えました。

「先生のお話を聞いているうちに、私の生まれた家のお仏壇が見えてきました。そうして私の幼い頃、おじいさん、おばあさんと一緒に、もみじのような掌を合わせて、み仏さまを拝んだ私の姿が浮かんできたのです。

そうして今先生は、お阿弥陀さまは、老少善悪をえらばず、わが一人子として、みんなみんなお抱きくださるお慈悲と聞かせていただきました。南無阿弥陀仏、南無阿弥陀仏。

私のような大悪人もお阿弥陀さまだけはお抱きくださるとお聞きして、涙が吹きこぼれました。私はまだ二十年もここにいなければなりません。必ずここで死に果てると思います。しかし、先生のお話を聞いているうちに、ここは刑務所ではなくて、お阿弥陀さまのお手の中と知らせていただきました。

もったいない、もったいない。私の心は、真っ暗闇から、今お光の中に出していただきました。ここでどんな死に方をしても、死んで地獄に落ちても、すべてお阿弥陀さまのお手の中だと知らせていただきました」

囚人のお一人が私にこのように涙とともに語ってくれました。

その後、この主人は中風に倒れ、入院され、一度退院されたが、また入院されて、亡くなられた。葬式には、住職（息子）が行った。私は今、この主人の臨終の様子を知らない。しかし知る必要も私にはない。この主人が、よしんば胸掻きむしって死んだとしても、それは大法から摂取にこられた「方便法身尊像」でましますお阿弥陀さまの掌中である。その人だけに与えられた天上天下ただ一つのお与えの死に方である。
死後、魂があってもなくても、阿弥陀さまの掌中にあることは間違いないことである。

来し方も又行く方も今日の日も我は知らねど弥陀のみ手の中
さまざまの死に方あれどすべてみな弥陀のいのちの電源のわざ
弥陀仏のいのちゆ生まれ弥陀仏のいのちにやがて帰る我等よ
南無阿弥陀仏

昭和五十四年（一九七九年）

昭和五十五年（一九八〇年）

念仏は無碍の一道なり

念仏者は、無碍の一道なり。そのいわれいかんとならば、信心の行者には、天神地祇も敬伏し、魔界外道も障碍することなし。罪悪も業報を感ずることあたわず、諸善もおよぶことなきゆえに、無碍の一道なりと云々（『歎異抄』第七条）

『歎異抄』第二条に関東からはるばる念仏の真義をたずねに来た同行たちに、まず押さえられて申された親鸞聖人のお言葉は「ひとえに往生極楽の道をといきかんがためなり」ということである。それに対して聖人は「しかるに念仏よりほかに往生のみちをも存知せず」と言い切られている。では、往生極楽とは、どういう意味なのであろうか。

「この身今生において度せずんば、いずれの生においてかこの身を度せん」とあるが如く、仏法の要は「度す」ことである。不定の人間から定住の極楽に度すことである。

有限の人間と思っていた私を、無限の法界に渡して、私は法界から生み出されて、また法界に帰らしめられることを信知せしめて、大安心を頂戴することである。

「前念命終、後念即生」とあるが、私の五十年の命と思っていた私が終って、私は無量寿の法界から出生せしめられている法界に心が決定することである。これを後生の一大事というのである。正定聚不退転に定住することである。

しかし、有限相対の私の頭脳では一応の理解はできても、信知はできないのである。二十年の万行諸善の修行も「罪悪生死の凡夫」から親鸞聖人は抜け出せなかった。生命あるものを念々食べて罪悪を犯しながら、念々自分の身はすり減らされて、あわれ火葬場行きである。親鸞聖人はその苦悩を「いずれの行もおよびがたき身なれば、とても地獄は一定すみかぞかし」と悲歎されている。まことに三定死である。曠劫よりこのかた、未来永劫に、この凡夫の身より一人も逃れ出ることはできない。

ここに親鸞聖人は、法然上人のご勧化により「方便法身尊像」として出現し給うた阿弥陀仏の摂取に遇われたのである。

「親鸞におきては、ただ念仏して、弥陀にたすけられまいらすべしと、よきひとのおおせをかぶりて、信ずるほかに別の子細なきなり」と仰せの如く、お念仏申さんと思いたつこころの起こられたとき、弥陀の摂取不捨のご利益にお遇いあそばしたのである。

「念仏成仏是真宗」成仏とは、阿弥陀仏の掌中に私は消えさることである。そうして私は阿弥陀仏の法身の子として誕生するのである。気をつかさせてもらえば、はじめから私は法界から生まれた法の子だったのであるが、阿弥陀仏の摂取によって、法身である真実の私を知らしめていただいたのである。私は今まで単なる母の子だった。しかし母は壊れる。実は母の底辺に永遠壊れぬ「後世」があったのである。無量寿の法界があったのである。その法界から大悲の阿弥陀仏は、方便法身の母として私を迎えに来てくださったのである。ここに阿弥陀仏の摂取によって、私は人間界から法界に転入せしめられたのである。正定聚不退転の身とせしめられたのである。

「大道を体解して無上意をおこさん」と私は発願したが、自力無効、お他力の阿弥陀仏のご摂取によって私を法界に度せしめてくださったのである。

阿弥陀仏のお約束は「諸仏に棄てられた最悪最下の十悪五逆のものも、私の法界から出現したものであるから、お母さんとお念仏してくれ、私は摂取に行く」との仰せである。

「罪障功徳の体となる」というのは、障りに悩むもの、罪に泣くものほど、阿弥陀仏はまず第一に迎えとらんとの仰せである。

さて本論に入るが、「天神地祇はなぜ念仏行者に敬伏する」のか。天神地祇は、有限界、生きている間の救い主であるが、阿弥陀仏は、「生死併有」の無限界の救い主である。その阿弥陀仏に帰命する行者には天神地祇も敬伏あそばすのである。

「なぜに魔界外道も障礙することなし」か。私は魔界外道に強迫され、苦悩するが、その強迫され、苦悩するものこそ、阿弥陀仏の正客なのである。子が母を呼ぶが如く、いよいよ南無阿弥陀仏と、阿弥陀のみ手の中に抱き込まれる種である、宝である。

「障りおおきに徳おおし」障りに強迫されるほど、阿弥陀仏の大悲のお迎えは大きいのである。「罪悪もなぜ業報を感ずること能わず」であるのか。罪悪に苦悩するもの、業報に責めさいなまれるものをお目当てにお念仏させて、法界に誘入せんとの大慈大悲なのである。摂取していただいて、罪悪も業報も阿弥陀仏の掌中のものとし給う。衆悪の万川帰しぬれば功徳のうしおに一味となし給うのである。ありがたきかな。

「諸善もおよぶことなし」とは、諸善は人間界のものである。いかなる善人も十年も病床にある人がある。諸善で生死は渡れぬことを、七高僧口を揃えて仰せになっている。人界では、諸善こそ最上の人である。ただ諸善では、生死界は渡れぬというのである。

「有漏の穢身はかわらねど、心は浄土にあそぶなり」、有限と見ていたこの身が、実は無限界からの一分一厘狂いのない無量寿の表顕そのものだったのである。山川草木、喜怒哀楽すべて御掌中のものだったことの讃嘆である。南無阿弥陀仏

下根の凡夫信ずればたすかる

一月中旬、長崎に行き、立山荘で一週間泊まり込みで、長崎正遠会の皆さんと『歎異抄』を拝読して、大変にありがたいことでした。その一節に、

当時、専修念仏のひとと、聖道門のひと、諍論をくわだてて、わが宗こそすぐれたれ、ひとの宗はおとりなりというほどに、法敵もいできたり、謗法もおこる。これしかしながら、みずから、わが法を破謗するにあらずや。たとい諸門こぞりて、念仏はかいなきひとのためなり、その宗、あさしいやしというとも、さらにあらそわずして、われらがごとく下根の凡夫、一文不通のものの、信ずればたすかるよし、うけたまわりて信じそうらえば、さらに上根のひとのためにはいやしくとも、われらがためには、最上の法にてまします。たとい自余の教法はすぐれたりとも、みずからがためには器量およばざれば、つとめがたし。われもひとも、生死をはなれんことこそ、諸仏の御本意にておわしませば、御さまたげあるべからずとて、にくい気せずは、たれのひとかありて、あたをなすべきや。（『歎異抄』第十二条）

とあります。このご文章は、完璧に、しかも端的に浄土真宗のみ教えをご教示くださっているると思います。

「われらがごとく下根の凡夫、一文不通のものの、信ずればたすかるよし、うけたまわりて信じそうらえば、さらに上根のひとのためにはいやしくとも、われらがためには、最上の法にてましますと、ずばりと言い切ってくださっておられます。なんと尊くありがたいことでしょう。

南無阿弥陀仏のみ薬は十劫の前からできあがっています。乗り物は十劫の前から用意万端準備はできあがっているのです。要は、こちらの機の問題です。「われらがごとく下根の凡夫、一文不通のもの」と、さらりと言い切っておられます。言い切っておられることは、すでに弥陀のご誓願に摂取された方の大いなる歓喜であり、かつはこのお言葉に誇りさえ感じさせてくださいます。

健康者には、隣が病院であっても千里の距離があり、病弱者には千里先の病院でもお隣であります。急病人には、先手をかけて、救急車が迎えに来て病院に運び込んでくれます。

下根の凡夫、一文不通のものには、「南無阿弥陀仏とたのませ給いて」浄土へとお迎えに来てくださいます。ただただもったいない極みです。

法然上人の「一枚起請文」の中に、

たとい一代の法を能く能く学すとも、一文不知の愚どんの身になして、尼入道の無ちのともがらに同して、ちしゃのふるまいをせずして、只一こうに念仏すべし。

とあります。まことにご親切なるご教示ですが、智者はご苦労さまであると思います。「一文不知の愚鈍の身」になさねばならず、「尼入道の無智のともがらに同じ」でなければならないのです。

『浄土和讃』に、

一代諸教の信よりも　　弘願の信楽なおかたし

難中之難とときたまい　　無過此難とのべたまう

とあります。そんなに本願（弘願）を信ずることは難しいのでしょうか。それなのに、なんで「易行道」と言われるのでしょうか。「臨終つきつめて仏法を聞け」とのお言葉もありますが、「つきつめる」のが難しいのでしょう。病人でもないものが、病人になった気持ちで聞けと言われても、これは難中の難でしょう。

私が、一番はじめに学生時代お念仏の話をさせてもらったのは、九歳の女の子でした。両親も兄弟姉妹も結核で死に果て、その子も結核になって苦悶していました。五分とかからず話はすみました。その子は即刻ご摂取のご利益に遇ったのです。

わが御開山親鸞聖人が、比叡山をお下りあそばす時のご心境はいかがであったでしょうか。まことに「下根の凡夫」「一文不通のもの」でましましたのです。

『歎異抄』第二条をいただきますと、

念仏は、まことに浄土にうまるるたねにてやはんべるらん、また、地獄におつべき業にてやはんべるらん。総じてもって存知せざるなり。（中略）いずれの行もおよびがたき身なれば、とても地獄は一定すみかぞかし。

と仰せになっています。しかれば即刻、法然上人のお勧めのままに、

親鸞におきては、ただ念仏して、弥陀にたすけられまいらすべしと、よきひとのおおせをかぶりて、信ずるほかに別の子細なきなり。

と、ご摂取の身とおなりあそばしているのです。まことに易行道でましますす。

老少善悪をえらばず、下根の凡夫、一文不通のものを摂取して、一切大法のお手の中なることを知らせてやろう、との大悲。「摂取の中の生死」と知らせて救済してくださるのが本願の大慈大悲でましまます。摂取をいただいたものには、聖道門も結構、諸門も結構。ここに、

「われも人も生死を離れんことこそ、諸仏の御本意にておわしまさば、御さまたげあるべからず」

と、にくい気せず、にこやかに言い切れたのではありませんか。南無阿弥陀仏

自信教人信

自分が信心を獲得すれば、はじめて人に信心を教えてあげることができるというのが「自信教人信」の一般的解釈のようである。

「お念仏のご廻向によって、私のいのちは、阿弥陀のおんいのちなりけりと信知させていただくと、同時に、人さまも皆阿弥陀のおんいのちなりけりと、お念仏が教えてくださる」

と、私はいただく。

「自利」も「利他」も大悲のお念仏のご廻向によるものであると私はいただく。

『歎異抄』第四条に、
浄土の慈悲というは、念仏して、いそぎ仏になりて、大慈大悲をもって、おもうがごとく衆生を利益するをいうべきなり。

とあるが、「念仏して、いそぎ仏になりて」とは、お念仏のご廻向によって「私のい

のちは、阿弥陀のおんいのちなりけり」と信知させていただくことである。そうすると大誓願のお念仏の大悲大慈心によって、一切衆生ことごとく「阿弥陀のおんいのちなりけり」と信知させていただくのを、浄土の慈悲と仰せられたのだと拝察申し上げる。

ここに「自信教人信」も「自利利他」もすべてお念仏の「おひとり働き」と仰せられることが頷かれる。

親鸞聖人は「わがいのち阿弥陀のおんいのちなりけり」と信知なされたご体験のお歓びを、私たちに「三願転入」としてご教示くださっている。

蓮師は「信心獲得すというは、第十八の願をこころうるなり。この願をこころうるというは、南無阿弥陀仏のすがたをこころうるなり」（『御文』五帖五通）と仰せになっている。

第十八の願を心得るには、十九願から、二十願の転入をご体験あそばし、二十願から、はじめて第十八願のご転入があるのである。この三願転入には、お聖教や祖師方のご教示が種々さまざまあるが、私は私なりに申し上げてみたいと思うのである。

私の十九願は、十八願をことごとくみな納得でき得たと思って、得々と、自らにも言い聞かせ、ひとさまにもお勧めしていた時だと思う。納得安心の時代である。傲慢無礼、まことに不浄説法の極みである。これは私の懺悔である。

蓮師は「得たるは得ぬなり」と仰せられるが、今にして身にしみるお言葉である。

いずれにも行くべき道の絶えたれば口割り給う南無阿弥陀仏

私にも、お念仏が口を割ってくださるご因縁が待っていてくださったのである。しかし、私は「自力無効になるのに苦労した」のではなく、「如来を信じた」のでもなく、ただ「いずこにも行くべき道が絶たれた」のであろう。お念仏が口を割ってくださったのである。このお念仏が口を割ってくださったということに、私の現在の一切のしあわせ、「こころのほどける」ことにしていただいた出発があり、また最後でもある。

だから、私は苦悩を訴えるお方に「お念仏がお出ましになりますか」と、第一にお尋ねする。

「上げもできず、下げもできぬ、にっちもさっちもゆかなんだら、親鸞聖人の真似をして、ただお念仏なさいませ」

と私はお勧めする。

分別が分別をして出離なし　無分別智の弥陀のよび声

「分別で分かって称えるのでなく、分からぬからこそ、いずれにも心のゆくべき道がないからこそお念仏するのですよ」

「自力の念仏とか、他力の念仏とか、そんなこと考えていることが十九の願です。十九の願にも入っていないのです。小さな私の分別心が、まだまだ中心です。これを邪見憍慢の悪衆生と仰せになっているのです」

二十願の念仏を、自力の念仏とか、半自力半他力の念仏とか、罪福心の念仏とか言われるが、そんなことは機法一体の十八願に還った人が分かるので、そんなことをいくら覚えても、何の役にもたたず、分別の流転輪廻で、かえって、邪見憍慢心を増長させることであろう。

「時節到来」のお言葉があるが、これは私のほうからは如何ともできないことを言う。第十八願然りである。いつかお念仏も間に合わぬ日が時節到来である。これを「果遂の誓」と仰せになっている。ともかく私たちに許されることは「行き詰まったらお念仏」「行き詰まったらお念仏」。

十八願は、向こうに行くのかと思っていたが、二十年の修行でも前進できず、いくらお念仏しても前進できず、ほんとうに上げも下げもできぬところに「弥陀の廻向の御名なれば、功徳は十方にみちたまう」行き場所を失ったところが、弥陀のおんいのちの真ん中だったということである。

「知らざる時のいのちも阿弥陀のおんいのちなりけれどもいとけなき時は知らず、すこしこざかしく自力になりてわがいのちと思いたらん折」

十九願で引き戻し、二十願で、たたきおとしてくださるお障りさま、お罪さま。そのお陰さまで「お母さま」「なむあみだぶつ」と、阿弥陀の親さまのもとに還させてくださるのである。そこに阿弥陀さまのお迎えさま、ご摂取がましますのである。

ここに「わがいのち阿弥陀のおんいのちなりけり」の信知をいただく。また、人さまのおいのちも然りでまします。ここに「自信教人信」の功徳を頂戴するのである。南無阿弥陀仏

念仏無間とは

日蓮上人は「念仏無間」と仰せられたといわれる。「念仏すれば無間地獄に落ちる」というのが一般的な解釈になっているようである。しかし、大上人日蓮とまで言われる方が、同じ仏教である念仏を誹謗なさるはずがない。日蓮上人の真のお心は、「念仏すれば、地獄に落ちて助かる縁のないものを、阿弥陀仏だけは摂取して成仏させてくださる」

と申されるのだと私は拝察する。そうでなければ日蓮上人は浮かばれあそばさぬことになる。

いったい、聖道門と浄土門との建前は違うのである。同じく成仏するのであるが、方向が違う。聖道門は万行諸善、自力にて成仏するのである。浄土門は、自力尽き果て、いずれの行もおよびがたき極みに、弥陀の摂取に遇って、成仏させていただくのである。

わかりやすく言えば、聖道門は、地獄を基点とすれば、地獄を超脱して成仏するのである。だから救済は地獄の上にある。浄土門は、地獄から超脱できず、いよいよ地獄の底に落とされ、地獄の極底に、弥陀のご摂取に遇い、等正覚をいただき成仏させていただく。だから弥陀は地獄の下にましします。

摂取に遇えば、まったく私の自由はない。地獄は、いまだもがく私が残っている。摂取に遇えば、もがきは取れて、弥陀の願船に乗託させられると、無始巳来、如来の大船に乗せられ運ばれていたことが知らされる。まったく弥陀まかせの大自由をいただく。大法の中にあって、今まで逃げまわり、流転輪廻していた私を知らされる。大法には生死、煩悩があって、生死、煩悩がない。善悪浄穢がそのまま大法のなさしめ給うところである。お念仏により大道を体解させていただいたことを、念仏成仏是真宗と仰せられる。

「たのめとは助かる縁のなき身ぞと教えて救う弥陀のよび声」と言われる如く、まったく私の助かる縁のない無間地獄の極底に、弥陀は待ち給うてくださっていたのである。そこに親子対面、機法一体の南無阿弥陀仏。無縁の大悲がある。

次のような話を読んだ。

「二人の若者が仙人になりたいと奥山に分け入り弟子入りをした。数年過ぎたある朝、今日お前たちに仙人の奥義をさずけてやると、仙人は山の頂上を指さして、あの頂上の岩角の樹の先端にぶらさがれといわれた。

二人は仰せのとおり樹に登って枝につかまった。下は千尋の谷である。ややあって仙人は、『左の足を離せ』と。次に『右の足を離せ』といわれる。次に『左の手を離せ』と。そこまでは若者二人は仰せのままにした。

次に『右の手を離せ』と号令された。その瞬間、一人の若者はバッと右手を離したかと見ると、空中高く舞い上がり、仙人の奥義を得て大空を飛行した。一人の若者は『この手を離しては』という一瞬のためらいで、枝を握りしめた途端に枝が折れ、若者は枝を握ったまま千尋の谷に落ちて死んだ」

右の手を離した若者は聖道門の人であろう。手が離せず枝を握ったまま千尋の谷に落ちて死んだところに、大悲の弥陀はお待ちくださっていたのが、浄土真宗である。

唯除五逆誹謗正法と切って落とし下に大悲の阿弥陀まします

ここに人身を法身に変身させてくださる大悲の十八願がある。

「前念命終」とは、私の命と思っていた自力の妄念が死ぬのである。「後念即生」とは、摂取され大法の中に蘇生させていただくのである。

大法界から大悲の弥陀があらわれて、千尋の谷に落ちた若者を摂取して「知らざる時の命も阿弥陀の御命なりけり」ということを信知させてくださったのである。弥陀は千尋の谷から若者を救い上げられたのではない。弥陀の摂取は、私の命と思っていた自力の妄念をとって、法界に帰せしめさせてくださる救済である。

親鸞聖人は二十年比叡山で修行なさった。しかし、いずれの行もおよびがたしのご述懐の如く、自力修行の不可能を知られた。

「愛欲の広海に沈没し、名利の太山に迷惑す」と、右の手がお離しできなかったのである。

しかし、修行不可能のところに、弥陀の摂取に遇われる地獄行きが始まり、ついに弥陀の摂取に遇う「要門」の十九の願が開かれあそばしたのである。そうして「ただ念仏して、弥陀にたすけられまいらすべし」との法然上人の仰せを信ずる二十願の

「真門」に転入なされたのである。二十願は、自力の念仏というが、自力であっても、「果遂の誓」といわれる。すなわち法界に帰入する道が決定したのである。なぜなら、お念仏が口を割ってくださったからである。やがて時節到来。自力の念仏の無効のところに、「もとの阿弥陀のいのちに帰せよ」の善知識のお言葉がここに成就されて、十八願の「真如の門」が開かれあそばしたのである。

信心獲得すというは、第十八の願をこころうるなり。この願をこころうるというは、南無阿弥陀仏のすがたをこころうるなり。（『御文』五帖五通）

獲は、お念仏が口を割ってくださること。得は、弥陀の廻向により、弥陀のおんいのちに帰らしてくださること。すなわち平生業成、十八願を成就せしめてくださったのである。

「本願を信じ念仏申さば仏になる」、まことにもったいないご功徳である。南無阿弥陀仏

昭和五十六年（一九八一年）

必至滅度の願成就

いつも問題になることは『歎異抄』第九条の中の、

なごりおしくおもえども、娑婆の縁つきて、ちからなくしておわるときに、かの土へはまいるべきなり。

のお言葉である。

表面から見ると、肉体の死の如く受け取られるが、もしそうだとすれば、「平生業成」とか「不体失往生」とかいわれる念仏往生の浄土真宗の教えではなくなる。あくまで、「一念帰命」の世界を言ってあるのが、裏の真実のお心である。すなわち「前念命終、後念即生」の内容である。

念仏もうさんとおもいたつこころのおこるとき、すなわち摂取不捨の利益にあずけしめたまうなり。（『歎異抄』第一条）

摂取不捨のご利益にあずかって「機法一体」とならしめ給うたとき、かの土にまいったのである。「こんな穢い罪悪深重、煩悩熾盛の身が、肉体のある間に、お浄土に往生するなど、もってのほかだ」と言う人もあろう。その人は、諸行往生の人で、念仏往生の人ではない。「本願」を小さく見ているのだ。本願は、その罪悪深重、煩悩熾盛のものをお目当てにして立ててくださったのである。本願念仏の力で、そのものを極楽に往生させてやろうというのが本願の目的である。

念仏しようと思い立つ心の起こったとき、即刻に、かの浄土に参らせてくださるのが、念仏往生である。それだけのお力がなければ、インドから中国、中国から日本に渡って、綿々と三千年も伝統されるはずがない。即得往生である。

念仏はしていても、極楽に往生したという心が起きないという人がある。それは病気が足らぬのである。お念仏の宝は万劫不壊の宝である。薬は万全であるが、私の機のほうが不十分であるからである。病気と薬が一枚になったとき、摂取不捨のご利益が成就する。達者であっても、平生薬を服用しておくべきことが肝要である。いつか必ず、罪悪深重、煩悩熾盛の日がくる。すなわち時節到来である。今は自分でカス念仏と思っていても、薬は効かぬと思っていても効く日がある。必ずある。

二十願の定散自力の念仏結構である。辺地にまず入れて、やがて真実報土に誘引せんとの大悲である。

ともかくも口を開きて念仏することである。口が開かねば心で念ずることである。機法合体結構、機法別体結構、念仏の場に坐っただけでも、阿弥陀仏の摂取の光は、毛穴からお入りなさると、古人は言っている。

私の郷里の父は「武士は南無阿弥陀仏など称えるものでない。あれは弱虫のするものだ」と晩年まで言い続けてきていたが、みずからが、自分の生命に自分で絶望されたとき、お念仏のご摂取に遇い、おまかせの人となられた。この肉体のある間である。

次に、もし肉体滅後に往生するとしたら、次の大切な問題が片付かぬことになる。「必至滅度の願成就」のことである。第十一の願である。すなわち、

たとい我、仏を得んに、国の中の人天、定聚に住し必ず滅度に至らずんば、正覚を取らじ。

また、次のようなご和讃がある。

安楽仏国に生ずるは　畢竟成仏の道路にて

無上の方便なりければ　諸仏浄土をすすめけり（「曇鸞和尚和讃」）

このご和讃から案ずるに、浄土往生は成仏の道路であり、無上の方便であるとの意である。肉体滅びて浄土に往生していたら、大切な成仏が成就せぬではないか。

浄土に往生するということは、十一願からいただけば「定聚に住する」ことである。正定聚不退転に住することである。念仏は、それを成就せしめてくださるご利益である。成仏するという内容は、滅度に至るということである。

正定聚に住せしめられると、(無始已来、私たちは正定聚の法界からの出生だったのであるが、摂取不捨のご利益により、それを信知させていただいたのである) おのずからに、滅度の世界を信知させていただくのである。

「滅度とは何ぞ」「生死の苦を滅し、煩悩の流れを渡る」ことである。私たちの苦悩は、煩悩と生死の板ばさみになって四苦八苦しているのであるが、今ここに「生死即涅槃」と「煩悩即菩提」の宝をいただく。これが「滅度の願成就」というのである。

わかりやすく言えば「死にたくない煩悩いっぱいの私が、身を養うために食えども、火葬場行きの道中をしている」これが古今を通じ、万人の苦悩の根元である。

今、正定聚に住む身にさせてもらうと、死にたくない心が、大法のなさしめたまうところであり、火葬場行きの道中が、また大法のなさしめ給うことであると知らされる。これを「必至滅度の願成就」というのである。

お念仏により、この大法の世界を信知させてやろうとして、本願を立ててくださったのが、師主知識の恩徳でまします。二十年の万行諸善の聖道自力で成就しなかったこの世界を、お念仏で成就してくださった大慶喜を「身を粉にしても骨を砕きても謝すべし」というお言葉で、親鸞聖人は仰せ出だされている。合掌

問題は一切私にある

名古屋の女子大生が誘拐され、絞殺されていたことがわかり、その父親に記者が、「今の心境はどうですか」と尋ねたのに対し、

「その男がほんとうに憎い。先方にもわけがあったであろうが、ほんとうに憎い。娘がかわいそうである」

と、父親は答えている。

「先方にもわけがあったであろうが」との言葉を聞いて、私は一瞬強く胸を打たれた。あとまでこの言葉が残っていて、一月に長崎、日田、別府と旅行したとき、このことを話したら、みなさんもこの言葉をちゃんと聞きとめられていた。

この父親は、学校の先生とのことであるが、お念仏に摂取なされているお方と、私は拝察するのである。

法然上人は、幼いとき、父親が敵のために打たれ、臨終の際に「お前が父の仇を討てば、先方の子がまたお前を仇とねらう。ただに怨親平等の世界を求めよ」と申された由である。法然上人は、そのお勧めにより出家なされたと聞いている。

「先方にもわけがあったであろうが」というお言葉は、大法を知らず、ただ私中心の世界の人には、絶対言い得る言葉ではあるまい。

「弥陀の誓願は老少善悪をえらばず。摂取不捨して救う」との大悲である。「罪悪深重、煩悩熾盛の衆生をたすけんがための本願にてましＬます」との大悲である。だから「念仏は無碍の一道」と言われるのである。

一念帰命せしめられ、摂取不捨のご利益にあずけしめられたものは、過去・現在・未来の三世がすべて阿弥陀仏のご活動だったことが知らされる。と同時に宇宙万有の千変万化がまた阿弥陀仏のご活動だったことが知らされる。

娘を殺した男に対する憎しみ、その男を千々に切り刻んでも飽き足らぬ怨み、また娘に対する腸のちぎれるような悲しみ、せつなさ、それをそのまま「無理はない、無理はない、それが親の真実だよ」と、摂取不捨してくださる大慈大悲。「先方にもわけがあるんだよ」と、そっとうしろから摂取して、耳打ちして救済してくださる阿弥陀さま。ただただ南無阿弥陀仏である。

阿弥陀仏は、万物の根元から私を迎えに来てくださったみ親でまします。「少しこざかしく自力になりて、わがいのちと思いて」四苦八苦して苦悩している有限相対の私を、絶対無限の大法界に連れ戻してくださる大悲のみ親でまします。

「念仏もうさんとおもいたつこころのおこるとき、すなわち摂取不捨の利益にあずけしめたまうなり」とある。摂取不捨のご利益ということは、私のいのちで私があるのでなく、阿弥陀の御いのちから万物は出生せしめられているのである。そういうことを信知させてくださるご利益である。そうして、善悪浄穢、罪悪深重、煩悩熾盛、生老病死、貪愛瞋憎の一切を阿弥陀仏の御ふところに摂めてくださるのである。

行き詰まり又行き詰まり行き詰まり弥陀のふところあたたかきかな

親鸞聖人は、

浄土真宗に帰すれども　　真実の心はありがたし
虚仮不実のわが身にて　　清浄の心もさらになし
悪性さらにやめがたし　　こころは蛇蝎のごとくなり
修善も雑毒なるゆえに　　虚仮の行とぞなづけたる（「愚禿悲歎述懐」）

と仰せられる。

「人能於中、一心制意、端身正行、独作諸善」と、一向に精進努力なさった親鸞聖人でましましたが、精進努力すればするほど、自分自身の虚仮不実が見えてきての、このお言葉があるのではなかろうか。一心制意、端身正行すればするほど、悪性さらにやめがたき真実の自己、蛇蝎の如き自身、修善も雑毒である、ごまかしのきかぬ自己にぶつかって「いずれの行もおよびがたき身なれば、とても地獄は一定すみかぞかし」の自己に対する絶望悲嘆のお言葉が生まれ出られたのではあるまいか。

無慚無愧のこの身にて　　まことのこころはなけれども
弥陀の廻向の御名なれば　　功徳は十方にみちたまう（「愚禿悲歎述懐」）

ところが、この全く助かる縁のなき絶体絶命、三定死のところに、弥陀のご廻向の南無阿弥陀仏のご摂取に迎えとられあそばされ給うたのである。そうして「功徳は十方にみちたまう」の大慈大悲にお遇いあそばしたのである。無縁の大悲さまである。

いよいよ無間地獄に落ちれば落ちるほど、弥陀の大悲は広大無辺となる。

弥陀仏は地獄の底のその底にわれを待ちます久遠劫来

この冬にお遇いした長崎の念仏者のお方の歌である。

父を殺し、母を牢獄に閉じ込めた阿闍世に対して、釈尊は「阿闍世が助からねば、私は涅槃に入らない」という意味のことを仰せられたと聞く。私は昔は、阿闍世に問題があると思っていた。しかし実は、問題は釈尊にあられたのである。五逆罪を犯した阿闍世が、釈尊の心に引っかかっていられたのである。この阿闍世が助からねば、釈尊自身が助からぬとの仰せである。問題は一切私にある。南無阿弥陀仏

法身の光輪きわもなし

弥陀成仏のこのかたは　いまに十劫とときたれど
塵点久遠劫よりも　ひさしき仏とみえたまう（「大経和讃」）

右のご和讃にお示しの如く、阿弥陀仏の救済は、宇宙発生以前からましましたのである。

地中深く埋まっていた宝石を掘り当てた時に、宝石と掘り当てた人との出会いがある如く、塵点久遠劫よりましました阿弥陀仏の大悲にお出会いなさったのは、釈尊をもって第一と私はする。

釈尊以前にもましましたかもしれないが、私の胸までお念仏の救済を届けてくださった第一の念仏の発見者は釈尊でましします。

闇晴れて光に遇いし釈尊の第一声が南無阿弥陀仏

「法身の光輪きわもなく、世の盲冥をてらすなり」、その阿弥陀仏の救済に釈尊がお出会いあそばした、その場所というものが最も大切である。

地中をただ掘っていても宝石は見つからなかった、でも掘り当てた場所があった如く、念仏の救済に出会うにも、必ずその場所がある。それが「世の盲冥」という場所である。七高僧にも、釈尊と同じく「世の盲冥」の場所があった如く、親鸞聖人にもましました。ただ夢中に大地を掘りまわしていられた十九願の「万行諸善」の比叡山での二十年のご修行。金脈は見つかったが、方向が間違っていた自力の念仏の二十願。ついに「唯除五逆誹謗正法」と、自力の念仏にも見棄てられ、「世の盲冥」のところに、明来闇去の世界が展開あそばされ、法身の光輪のご摂取にお出会いあそばされた親鸞聖人でまします。すなわち第十八願の世界である。

親鸞聖人が身をもって「世の盲冥」まで到り、智慧の光明にお出会いあそばされた道標を三願転入によって、私たちに化導してくださったご恩は、まことに骨を砕きても謝すべしである。

いったい人間の苦悩の根元は何であるかというに、私たちは無始已来、阿弥陀仏のおいのちであるのに、「少しこざかしく自力になりて、わがいのちなりけり」と、久遠劫来いままで思いあやまり、意識の流転を続けてきたところに起因する。それで、その苦悩者に善知識は「もとの阿弥陀のいのちへ帰せよ」と仰せられる。

三願転入は、そのもとの阿弥陀のおいのちに帰らせていただく唯一のご方便でまします。

たのめとは助かる縁のなき身ぞと教えて救う弥陀のよび声

「助かる縁のなき身」とは「世の盲冥」のことである。いったい人間最大の苦悩は何かというに、「生死無常」ということである。

この生死無常に対しては、万行諸善も、万巻の経文も、百万遍の念仏も無効である。ここに、法界からお迎えに来てくださった南無阿弥陀仏の法身の大悲のご摂取がお働きくださるのである。これが阿弥陀仏の救済である。

「わがいのち」と思いあやまっていた思いが、光輪に包まれ、私は「無生の生」「無心の心」と、身も心も阿弥陀の御いのちよりのあらわれであることを信知させていただく。

『歎異抄』第四条に、

浄土の慈悲というは、念仏して、いそぎ仏になりて、大慈大悲をもって、おもうがごとく衆生を利益するをいうべきなり。

とあるは、この境涯を言うのである。

「前念命終、後念即生」とは、私の命と思っていた念が、ご摂取により解消され、この命は、法身と知らしめられたのである。「後生の一大事」とは、このことである。

また三帰依の第一、「大道を体解して無上意をおこさん」の願いが、ここに成就するのである。すなわち「知らざる時のいのちも阿弥陀の御いのちなりけり」のお言葉が了承できる。「三世の業障一時に罪消ゆ」阿弥陀の御いのちなれば、私の三世もなく、私の業障も一時に消える。

「罪」とは、阿弥陀の御いのちを「私」していたことが解消するの謂われである。私の業と思っていた誤りが、「如来の業」と知らされ、一切阿弥陀のお仕事と知らされ、ここに「無上意」すなわち大安心と大安慰が廻向される。

世の盲冥の「世」は、有限の意味である。有限が苦の元であるが、摂取されると、有限は、無限の中に包含される。無限中の有限である。法中の我である。

無限の電源よりの、五燭、百燭の電灯の如く、また動力となり、熱となる如く、私は無量寿の阿弥陀の御いのちのあらわれである。

智慧の光明はかりなし　有量の諸相ことごとく
光暁かぶらぬものはなし　真実明に帰命せよ（「讃阿弥陀仏偈和讃」）

私は無量寿の御いのちと知らされるところに、また万物すべてが無量寿の御いのちのあらわれと見える眼をいただく。

青色青光、黄色黄光、白色白光、赤色赤光である。みな阿弥陀さまの一人子である。ここに、生老病死、貪愛瞋憎、善悪浄穢、「一如」そのままである。一切無量寿よりの出生であり、無量寿の内住いである。まことに「雲霧の下、明らかにして闇なきがごとし」である。南無阿弥陀仏

不足もお手の中

大阪の若い法友のところを訪ねたら、床の間に二十年も前に私の書いた軸が掛けてあった。お母様からもらったものだと言われる。「不足もお手の中」と書いてある。

私の阿弥陀さまのお慈悲は「不足を取ってこい」ではない。また、不足を言わぬようにしてくださるお慈悲でもない。いつも不足だらけに苦悩する私を、そのまま、不足持ったまま摂取してくださる親さまである。塵、芥、悩み、苦しみをそのまま一物残さず、棄て場所となって摂取してくださる親さまである。

「生きてよし、死んでよし」と言えるようなお上品な人間にしてくださる南無阿弥陀仏さまではない。

私の息の切れる臨終の瞬間を想像してみるに、「狂乱往生」にある如く、死にたくないと絶叫しつつ、虚空をつかみ、体から白い汗を流しつつ七転八倒するかもしれぬ。私の阿弥陀さまは、その狂乱のまま私を摂取してくださっている親さまである。息の切れる時にかぎらず、ただ今私の念々に起きる貪愛、瞋憎の始末のつかぬ苦悩の下で、いつも大法の手を拡げて摂取してくださっている阿弥陀さまである。

私に今、地獄を出る救いは不要である。地獄の苦に責められれば責められるほど、私を摂取してくださっている南無阿弥陀仏さまがましますからである。

今はわが力むこころもうち取られあたたかきかも弥陀のふところ

この間、私の信友の婦人が、一か月余病気して亡くなられた。私は旅行中で、病気だったことも、亡くなられたことも後で知った。その主人が仏法嫌いだそうで、お念仏の友だちが見舞いにゆくのを心よく思われなかったそうである。あとで聞いたことであるが、苦しい息の中に、いつも次の私の歌を口ずさんでいられたとのことである。

さびしきはさびしきままがそのままが弥陀のいのちのみ流れときく

さびしい極みの念々のところに、ただ大悲のお念仏さまのご摂取だけだったのであろう。

『正信偈』の中に、

よく一念喜愛の心を発すれば、煩悩を断ぜずして涅槃を得るなり。凡聖、逆謗、ひとしく廻入すれば、衆水、海に入りて一味なるがごとし。摂取の心光、常に照護したまう。すでによく無明の闇を破すといえども、貪愛・瞋憎の雲霧、常に真実信心の天に覆えり。たとえば、日光の雲霧に覆わるれども、雲霧の下、明らかにして闇きことなきがごとし。

とある。「一念喜愛の心」とは、宇宙万有の千変万化、すべてが阿弥陀さまのお命だった、おはたらきだったと信知させていただいたことである。そうすると、凡聖・逆謗ひとしく、阿弥陀さまの大法海の中に収まるのである。収まれば、いつも苦悩のところに、阿弥陀さまの大悲がはたらいてくださるのである。

「障り多きに徳多し」、いよいよ苦悩の深きほど、大悲の功徳は深くなる。

貪愛・瞋憎の雲霧も、阿弥陀さまの掌中に収まる。収まっていたことの大悲にあずかる。貪ってよいとか、瞋ってよいとか言っているのではない。常に貪愛瞋憎に、心に責めさいなまれている私である。その私をそのまま、南無阿弥陀仏と抱き取ってくださるのである。

痛いまま、悲しいまま、憎いこころのまま、南無阿弥陀仏と抱き取ってくださる。そのままの救いである。ここに「不足もお手の中」と言わせてくださるのである。

「煩悩を断ぜずして涅槃を得るなり」といえば、煩悩を取らぬでよいように聞こえるが、実際は、煩悩が私に邪魔になるから、取ることに必死で、自力のいっぱい、念仏いっぱいやったのである。神仏にも一心に頼んだのである。しかし、念仏にも棄てられ、神仏にも棄てられたのである。大洪水を私のか弱い手で堰き止めようとしていたようなものである。

先き先きに、大法は流れて止まぬのである。生老病死、罪業も、煩悩も出るものは、お先きお先きに出て、永劫にとどまらぬのである。

煩悩を取らぬでよいというのでない。煩悩は取れぬのである。煩悩は大法の流れなのである。しかし、大法の流れと聞いても私は止めたいのである。止めなければ身が持たぬ。体が持たぬ。そこに大法から大悲大慈の阿弥陀仏が、苦悩の地獄のどん底に待っていてくださって、私をそのまま、南無阿弥陀仏と申させるこころを発させてくださって、私を摂取してくださったのである。それが弥陀の大誓願でまします。

そこに「煩悩を断ぜずして涅槃を得」させてくださったのである。また「煩悩菩提体無二」の世界を信知させてもらったのである。

「お手の中、お手の中」「みんなみんな阿弥陀さまのお手の中」「私の三世も、私の三世の業障もお手の中」「三世があって、三世がない」「業障があって、業障がない」

解脱の光輪きわもなし　光触かぶるものはみな
有無をはなるとのべたまう　平等覚に帰命せよ（「讃阿弥陀仏偈和讃」）
「あなたも私もお手の中」「憎しみも、悲しみもお手の中」「憎しみ、悲しみをせぬほうが楽なのもお手の中」「精進努力もお手の中」南無阿弥陀仏

お念仏が出るようになった

国立大学三年の女子学生よりの手紙である。

「先生のわかりやすい仏さまのお話には大変感激いたしました。あの日以来、今まで絶対に念仏が称えられなかったのに、そうして、どうしても念仏は遠い世界のことのようにしか受け取れなかった私が、人のいないところでは、自然と『南無阿弥陀仏』と口から出るようになったのです。人のいるところでは心の中でしか言えないのは、駄目だとは思うのですが、しかしそれでも自然と心の中で称えている自分に気づき、我ながら不思議に思います。

先生のお話を聞くまでの私は、苦しさと空しさで、どうにも行き場がありませんで

した。人が自分をいかに見ているかが気になったり、人から相手にされず、つらかったり、人を怨んだり、人間がいやになったり……、劣等感に悩まされたりしたこともたびたびでした。そんな苦しさ、空しさの中で死にたいと毎日思っていたほどです。どんなふうに思ってみても、自分で納得させようとしても、解決ができなかったのです。

かといって現在、それらのことがなくなってしまったわけではないのです。

しかし、本当に不思議なのですが、今までいくら聞いても納得できず、絶対に称えられなかったお念仏が、先生のお話を聞いてからというものは、行き場所がなくなったとき、自然と心の中なり、口から出てくるのです。決して無理してではなく、称えようとも思わないのに出てきます。

そうして仏さまが私たちすべてを包みこんでくださっている、私のこともわかってくださっていると感じることができるようになりました。

以前は、誰一人私のことなど理解してくれる人はいないのだと思い、大変孤独でした。それなのに、今は仏さまがわかってくださっている、すべて私のことを許してくださっていると思うと、うれしくてたまりません。

つらい時でも、先生のおっしゃったように、たった一人の強い強い味方ができたようで、ほっとしている毎日です。けれども私はまだ仏さまのことを、一部知ったにすぎないのだと思います。まだまだ先生のお話をうかがいたく、また先生の書かれた本を拝見したく思います。今後は父母と一緒にお参りしたいと思いますので、よろしくお願いいいたします」

私は、はじめに国立大学と書いたのは、この学生は聡明で、頭脳も明晰で、努力家でもあることを明示しておきたかったからである。

私はまずこの手紙を拝見して、これが浄土真宗の教えに遇った純真のよろこびであると思った。本願念仏に摂取された生まれたての美しい信心を、私の手垢のついた言葉でけがしてはならぬと思った。そうしてまず「これで満点ですよ」と書いた。トンネルに穴が開いて、八方真っ暗であったあなたの心に、阿弥陀さまの光明が届いたのですよと書いた。仏さまのことを一部知ったのではなく、仏さまの子どもだったことが信知されたのですよと書いた。

今からは、仏さまのお光に遇ったよろこびを、行き詰まるごとに、いよいよ知らせていただくのですよと書いた。

ご両親にこのよろこびを申し上げて、お礼を申し上げなさいよと書いた。

お念仏は口の中でも、口の外に出ても問題ありません。親と子ですからねと書いた。

このお手紙は一見、平凡な単純な文章と見る人もあろうが、浄土真宗は、平凡で単純で、称えやすき、持ちやすきお念仏一つで助かる教えである。この文のどこに非の打ち所があろうか。この文中に「念仏成仏是真宗」もちゃんと頂戴できるでないか。「念仏は無碍の一道なり」も読み取らせていただけるでないか。

「他の善も要にあらず、念仏にまさるべき善なきゆえに、悪をもおそるべからず、弥陀の本願をさまたぐるほどの悪なきがゆえに」が、お念仏によって廻向されているではないか。

「機の深信」も「法の深信」も読み取れるではないか。

本人はお聖教のことはまったくの一文不知であるが、「一文不知の尼入道なりというとも、後世をしるを智者とす」の『御文』に叶っている。

いずれにもゆくべき道の絶えたれば口割り給う南無阿弥陀仏

いよいよに助けがないから南無阿弥陀仏。十悪五逆の罪人なりとも、諸仏に棄てられたものをお迎えくださる南無阿弥陀仏の掌中の人になっているではないか。

今から一生終わるまで、いよいよ苦悩に重圧されてゆくあなたであるが、それが人生であるが、まことに「障り多きに徳多し」いよいよお念仏の大悲大慈はあなたを無碍の光明の中に摂取してくださることを私は確信しますと書いてペンを置いた。

たまたま、なにごころもなく、本願に相応して念仏するひとをも、学文してこそなんどといいおどさるること、法の魔障なり、仏の怨敵なり。（『歎異抄』第十二条）

「他力真実のむねをあかせるもろもろの聖教は、本願を信じ、念仏申さば仏になる」（『歎異抄』）南無阿弥陀仏

一念喜愛の心

よく一念喜愛の心を発すれば、煩悩を断ぜずして涅槃を得るなり。凡聖、逆謗、ひとしく廻入すれば、衆水、海に入りて一味なるがごとし。（『正信偈』）

とあるが、「一念喜愛の心」を私自身で起こす力はない。

胎内の児が、母の胎内にいることは、万劫にも知ることは不可能の如く、私は光寿無量の阿弥陀の御いのちであることを信知することはできぬ。

「一念喜愛の心」とは、私は単なる有限の私ではなく、無限の阿弥陀の御いのちの出生だったことを、一念に信知させてもらったことをいうのである。すなわち、廻心させ

てもらったことをいうのである。それはひとえに、本願念仏のお陰によるものである。そのお陰のご恩を「如来大悲の恩徳」と仰せられ、その手引きをしてくださるご恩を「師主知識の恩徳」と、親鸞聖人は仰せられている。

さて、「一念喜愛の心」を頂戴すると、いかなる功徳があるのか。「煩悩を断ぜずして涅槃を得るなり」の功徳が与えられる。有限の世界しか知らなかった私は、煩悩が邪魔で邪魔で、それを取ることに四苦八苦したのであるが、一念喜愛の心をいただくと、煩悩は、阿弥陀の御いのちのご活動と信知させられるのである。

煩悩が、阿弥陀のご活動と知らず、煩悩を取って助かろうと、四苦八苦していたのである。一切が阿弥陀のご活動と信知させられると、取ろうとすることも、取れぬことも、阿弥陀のご活動の御掌中に収めてくださるのである。これが「煩悩を断ぜずして涅槃を得」という大功徳である。

貪愛瞋憎に心暗く常に苦しむけれど、その苦しみのままが阿弥陀のご活動である。機法一体である。煩悩菩提体無二である。これを「そのままの救い」という。

豆電灯も千燭の電灯も、扇風機の舞うのも、電車の走るのも、種々雑多であるが、それらすべて根源は電流の働きである。その電源のお仕事だったことを知らしめていただいたのを、往相廻向という。往相の廻向の大悲をいただくと、すぐ還相廻向の大慈を得させてもらうのである。宇宙万有の千変万化、一切電源の阿弥陀の御いのちのあらわれと見える眼を頂戴する。凡聖逆謗、ひとしく阿弥陀の御いのちからのあらわれである。ここに「衆水、海に入りて一味なるがごとし」の問題が了承できる。

私が電源の阿弥陀の御いのちのあらわれと信知させていただくと、有限の私の三世は阿弥陀の三世となり、「三世の業障一時に罪消えて、正定聚不退の位に住す」のお言葉が頂戴できる。阿弥陀の御いのちと知らず、私のいのちと泥棒していたのを罪という。罪を犯して苦悩していたのである。

如来の作願をたずぬれば　苦悩の有情をすてずして
廻向を首としたまいて　大悲心をば成就せり（「正像末和讃」）

有限の私の命とのみ思って苦悩していた私を、無限の阿弥陀の御いのちと知らしめてくださったことを「大悲心をば成就せり」と仰せられる。

弥陀の尊号となえつつ　信楽まことにうるひとは
憶念の心つねにして　仏恩報ずるおもいあり（「正像末和讃」）

浄土真宗の教えは「大行とは無碍光如来のみ名を称するなり」である。ともかく、自力とか、他力とか、意識の流転をうち棄てて、「弥陀の名号」を称えることである。

念仏は、まことに浄土にうまるるたねにてやはんべるらん、また、地獄におつべき

業にてやはんべるらん。総じてもって存知せざるなり。（『歎異抄』第二条）

と、親鸞聖人は「いずれの行もおよびがたき身なれば、とても地獄は一定すみかぞかし」の分別無効の極に、万策尽き給うたところに、お念仏申される身となられたのである。

そのうち「果遂の誓」は成就し給うて「教えざれども自然に真如の門に転入」させてくださる。「信心まことに得」させてくださることになっている。信心まことに得るとは、私は阿弥陀の御いのちなりと信知させてもらうことである。

「憶念の心つねにして」とは、煩悩に苦悩している私に、いつも阿弥陀の御いのちよりの煩悩とお知らせを蒙ることである。障りの多いほど、弥陀の大悲の声はありがたい。生老病死、貪瞋痴の苦悩に責めさいなまれるほど、憶念の心はおはたらきくださる。

腹のへるほど、食物はおいしい如く、人生の地獄の生活にいよいよ大悲はおはたらきくだされ「ご恩うれしや南無阿弥陀仏」である。

このたび拙寺のご法要に東京からご参詣くだされたある主婦の方から、ご丁重なお礼のお便りをいただきました。そして、その文中に左のお言葉がありました。

「……一つ新しく誕生した思いがあります。千変万化、どんな思いが起きようとも、ちょっともかまうことはない。なぜなら、もう私とは何の関係もないのだから…と。

生まれる前から汽車に乗っていて、運転手でも車掌さんでもない身が、何の用事ができましょう。（以前は自分で汽車に乗るのだと感じておりました）

さながらに思い、さながらに手足を動かし、遍満する諸仏さま方に出逢いを重ねるだけ。自分という鎧が破れれば破れるだけ、御六字さまはお楽にお出ましくだされよう。今の私にはこれが精一杯、とはいっても、力むのではなく、不思議なほど肩の辺りが楽になりました。……南無阿弥陀仏」

昭和五十七年（一九八二年）

弥陀の誓願不思議

第十八願を「王本願」と言われるのはなぜであろうか。それは十八願の最後の「唯除五逆誹謗正法」に原因すると思われる。一般にこれを「唯、五逆の罪を犯したもの、正法を誹謗したものは、救いから除く」と読む。

私は「阿弥陀仏のお誓いは『我は、五逆の罪を犯したその罪を、また正法を誹謗したその罪を、完全に除き取ってやるよ。そうして浄土に往生させてやるよ』の大悲大慈のお誓いである」と頂戴するのである。

それで『歎異抄』第一条に、

罪悪深重煩悩熾盛の衆生をたすけんがための願にてまします。

とある。また、蓮師は、巻き返し繰り返し、その大慈大悲の大功徳を讃嘆され、私たちにその一事を、一生をかけてご教示くださっているのである。

無始已来つくりとつくる悪業煩悩を、のこるところもなく、願力不思議をもって消滅するいわれあるがゆえに、正定聚不退のくらいに住すとなり。これによりて、煩悩を断ぜずして涅槃をうといえるは、このこころなり。（『御文』五帖五通）

とある。無始已来つくりとつくる悪業煩悩を、残るところもなく消滅してくだされ、正定聚不退のくらいに住せしめくださるのが、願力不思議の大慈大悲でまします。

弥陀の誓願不思議にたすけられまいらせて、往生をばとぐるなりと信じて念仏もうさんとおもいたつこころのおこるとき、すなわち摂取不捨の利益にあずけしめたまうなり。（『歎異抄』第一条）

この「摂取不捨の利益にあずけしめたまうなり」というのは、「正定聚不退のくらいに住させてくださる」ということである。ここに、願力不思議によって、穢土を浄土に転じさせていただくことになるのである。穢土は有限相対の世界であるから、邪定聚、不定聚の世界である。

邪定聚とは、流転する分別意識の中で、安定せると思い上がっている世界である。それでやがては壊れる。不定聚は安定なき流転輪廻の世界である。

「正定聚不退のくらいに住す」とは、浄土のことである。無量寿の世界のことである。光明無量、寿命無量の阿弥陀仏の世界のことである。ここに二益といわれるところの一益が成就させていただける。すなわち「穢土の益」である。

では、「浄土の益」というのは、「滅度の益」のことである「涅槃の益」のことである。

聖道門では、煩悩を断じて涅槃を得るのであろうが、浄土真宗においては、誓願不思議にたすけられまいらせて、念仏もうさんと思いたつこころのおこるところに、すなわち摂取不捨、正定聚に住させていただき、煩悩を断ぜずして、涅槃を得させてもらうのである。「滅度」をいただくのである。これが「浄土の益」、二益である。「滅度」とは、煩悩の苦を滅し、生死の流れをわたるの意である。

しかし、当流では、煩悩を直接滅するのではない。「煩悩即菩提」で、煩悩が正定聚、大法のお仕事と知らされ、煩悩のあったまま助かるのである。また「生死即涅槃」で、生死は正定聚、無量寿の活動である。「娑婆即寂光土」で、このまま助かるのである。

「即身成仏」に対して、この五十年百年の人間界では、悪業煩悩の私には、まったく救済の縁が尽き果てているから、当流では、浄土を「彼土」に立ててある。

しかし、お念仏に摂取された人は「三世の業障一時に罪消ゆ」であって、正定聚の世界には、私の三世が阿弥陀仏の掌中のものとなる。三世が消える。摂取にあずからぬものは、いつまでも、「このあさましい人間の身では助からぬ。体失往生である」という。

阿弥陀如来の三業は　念仏行者の三業と

彼此金剛の心なれば　定聚のくらいにさだまりぬ

仏凡一体である。摂取にあずかったものは、この世とか、あの世とかいう必要がなくなる「有無を離る」の大悲を頂戴する。

さて、「五逆」と「誹謗正法」の問題であるが、「罪悪深重、煩悩熾盛の衆生をたすけんがための願にてまします」のお言葉からいただくと、「五逆」は「罪悪深重」にあたる。「誹謗正法」は、「煩悩熾盛」にあたることになる。

『安心決定鈔』に「すこし小ざかしく自力になりてわが命と思いたらんおり…」とあるが、阿弥陀の命を私の命と思っていることが「誹謗正法」ではなかろうか。阿弥陀の無量寿の命を私の命だと泥棒しているのが「誹謗正法」でなかろうか。

有限相対の命を自分だと思い込んでいるところに、老病死の苦が生まれる。貪瞋痴の苦が生まれる、ここに煩悩熾盛の衆生が生まれる。

ここに、「誹謗正法」が「煩悩熾盛」と一致するのではないか。

しかし、私が私を脱皮することはできぬ。弥陀大悲の願力のご摂取をいただくほかはない。

「法身の光輪きわもなく、世の盲冥をてらすなり」とある。この「世の盲冥」は「罪悪深重煩悩熾盛」の有限相対にいよいよ苦悩する私のことである。この私に法身の光輪が、六字のお念仏となって救済にきてくださったのです。ただただ弥陀の誓願不思議に三拝九拝の私である。

如来の作願

阿弥陀の世界は、宇宙が壊れ、また宇宙ができて、また壊れて、またできる、その総てを活動せしめ給う広大無辺の御いのちの世界である。その御いのちから万物が生み出され、御用がすめば、阿弥陀の世界に帰る。私もその阿弥陀の御命の分身である。しかし、世の盲冥の私には、それが分からぬ。無量寿の阿弥陀の御いのちの中にあって、私は有限なものと思い誤り、生老病死等に四苦八苦しているのである。その四苦八苦して苦悩している私を見かねて、阿弥陀の世界から、阿弥陀仏が御姿をとって「お前は無量寿の阿弥陀の分身だよ」と、お迎えに来てくださっているのである。どういう方法で迎えていただけるかというと「子どもが母をよぶように『お母さん、南無阿弥陀仏』とよんでくれ」との仰せである。これが阿弥陀仏の大悲大慈である。

念仏もうさんとおもいたつこころのおこるとき、すなわち摂取不捨の利益にあず

けしめたまうなり。（『歎異抄』第一条）

お念仏しようという心の起こったとき、すでに「我は法身也」の方向に私は向きが変わっているのである。

それからは「障りおおきに徳おおし」である。障りの多いほど私の力で生きているのでなく、ひとえに無量寿の阿弥陀の御いのちから私は生まれていることが信知されてくる。困るごとに、阿弥陀仏は「どうだ、どうだ、自分の力で生きているのか」「どうだ、どうだ」と、語りかけてくださる。

法身の光輪は、いよいよ世の盲冥の私を照らしてくだされ、法界が広まり、明るくなる。正定聚不退転の世界が、いよいよ金剛になってゆく。お念仏は、黒闇の深いほど、いよいよ光明に転じさせて、金剛心を与え給う。

如来の作願をたずぬれば　　苦悩の有情をすてずして

廻向を首としたまいて　　大悲心をば成就せり（「正像末和讃」）

如来の作願とは、阿弥陀の世界から、阿弥陀仏と方便法身となってくださったことである。そして、阿弥陀仏となって、苦悩の有情の私に大悲の手を伸ばしてくださるのである。苦悩の有情とは、有限の壊れる命を私と思い込んで、四苦八苦している私のことである。

有限の場から、無限の世界が分かるわけはない。一切は無限の世界から出てると分別しても、それは有限の分別が思惟したもので、空中の楼閣である。親鸞聖人の比叡山の生活はそれであった。

結局「いずれの行もおよびがたし」の極点に立たされて、下山なさって、法然さまのところで、お念仏のご摂取に遇われたのである。

「念仏成仏是真宗」、真の救済は、阿弥陀仏のご摂取にあずかるよりほかに、私には無他方便である。だから「廻向を首としたまいて」である。私の三定死のところに、大法界の阿弥陀の世界から、阿弥陀仏が摂取にきてくださって、摂取していただくのをいう。そうして摂取していただき、私は、阿弥陀の分身だったことを信知させていただくのを「大悲心をば成就せり」と仰せになるのである。

なんとまあすばらしいことであろう。生老病死に苦悩して、三塗の黒闇が深くなればなるほど、阿弥陀の世界はいよいよ明瞭にさせていただく。金剛不壊の阿弥陀の世界に私の足場を持たせてくださる。まことに「帰命無量寿如来」である。「南無不可思議光如来」である。まったく無分別の世界である。分別でとやかくひねくり回す必要のない「智慧海の如し」の世界。海などにたとえられるような小さな世界ではない。広大無辺の世界である。

まことに森羅万象「大衆統理」されている世界である。永劫の大昔より、未来永劫に、毛筋ほどの隙もない、理路整然たる世界である。

人世に意義をも価値をもなかりけりただ脈々と任運法爾

一息も私の自由を許さぬ無常の人生に「人世の意義は何だ」「人生の価値は何だ」などと、時間を費やすのを戯論というのである。意義とか、価値とかあるとすれば、それは「阿弥陀さま」のほうにあると言うほかはない。

来し方も又行く方も今日の日もわれは知らねどみ運びのまま

私は一切無知で安らかである。一切無能で安らかである。私のこの身もこの心も一切如来物である。万物また然りである。阿弥陀の世界に有無はない。

念仏とひとり遊びのできることこれを大悲とわたくしは言う

私には、南無阿弥陀仏に、私の一切を収めてくださる。また南無阿弥陀仏に宇宙一切収めてくださる。「世の中に交はらぬとにはあらねども、ひとり遊びぞわれはまされる」と良寛さまは歌っていられる。この「ひとり遊び」は、五合庵で、お念仏と「ひとり遊び」をなさっていたのであろう。

南無阿弥陀仏　口を開きて称うべし称うる人に灯る法の灯

弥陀廻向のみ名

悪性さらにやめがたし　　こころは蛇蝎のごとくなり
修善も雑毒なるゆえに　　虚仮の行とぞなづけたる
無慚無愧のこの身にて　　まことのこころはなけれども
弥陀の廻向の御名なれば　　功徳は十方にみちたまう（「愚禿悲歎述懐」）

と、晩年の親鸞聖人は「愚禿悲歎述懐」の和讃に仰せられています。私におきましては、「蛇蝎のごとくなり」どころの騒ぎではありません。蛙を呑んだ蛇を、生きたままアルコールに漬けて、その蛇の生命を、自分の精気をつけるために飲む私です。万物の命をことごとく犠牲にして、おのれの命を生きんと必死になっている私です。

私の食卓には、七転八倒してのたうち回ったが、ついに人間の毒手にかかって、とうとう死骸となさしめられ、その死肉を、焼いたり煮たり、しかも味までつけて、皿に盛って陳列しているのです。そうして私は、その死肉を舌鼓をうって食べている。まことに無慚無愧の悪鬼そのものの私です。しかし私は無慚無愧などと一度も思ったことはありません。悪鬼中毒の無感覚の私になり果てています。

鶏たちのかわいい卵を盗んでは毎朝食べています。仔牛に与える牛の乳を盗んでは毎朝飲んでいます。悪鬼の家族一同が飲んでいます。金を払っても、鶏には払っていません。牛にも払っていません。鶏を飼い、牛を飼って、私と同じく我欲を満たしている飼い主に払っているのです。しかも、かわいい卵を盗み、牛の乳を絞れるだけ絞って、最後は恐ろしい人間の毒手にかかって死刑です。その死刑された鶏のお肉や、牛のお肉を、酒に添えて家族共々舌鼓をうっている私です。

蛇は蛙を呑んでも、その時その時の飢えを満たせば足りるのです。私は明日の私の命を確保するために、穀物を貯え、死魚や死肉を塩漬けにし、冷凍にし、燻製にして貯えます。蛇は貯金を知りません。エゴ同士の人間が金子を発見しました。金子によって私の明日の命、明後日の命、死ぬまでの命を保証するために貯金という悪知恵を見出しました。葬式までの貯金をします。エゴたちは貯金の大なるものを誇りとします。貯金のない私は、それを羨むのです。

それほど悪逆を尽くして私は、私のたった一つの我執を護るために必死です。必死のあまり、エゴいっぱいの人間同士が、憎み合い、傷つけ合い、盗み合い、殺し合って、寝ても覚めても血みどろの戦いをする。だが、あわれ、あわれ、その血みどろに戦い続けている私は、一刻一刻火葬場に直行しているのです。まことに逃げる手だてはまったく断たれているのです。

「修善も雑毒なるゆえに、虚仮の行とぞなづけたる」と仰せられますが、なぜ「雑毒」なのでしょうか。雑毒とは、私たちの善は我欲を満たそうとするエゴ以外の何ものでもないということです。「善」に「定善」と「散善」と二つ説かれています。

定善は「息慮凝心」、散善は「廃悪修善」と解されています。「定善」とは、私におきましては、タドンに紙を貼って、白くなったと安心ができていたかのように思っていた世界です。

「死んでよし、生きてよし」などと我は傲慢にも嘯いて、長い年月を空費しました。そうして人々を撫で切りにして得々としていました。まことに辺地懈慢の私でした。ところが私は病魔に冒され、かわいい娘が悲しく死んでくれました。そうして私の欺瞞の面の皮をすっぱり剝ぎ取ってくださいました。紙は剝げて、ただ残ったのは煩悩熾盛の私でした。

次に「散善」です。悪を廃して、善を行なうのを美徳と申します。有限相対の人間世界においては然りでありましょう。しかし、善行をした人も、悪行をした人も、共々に火葬場直行のあわれな身であることに何ら変わりありません。善行者が、天国に行き、悪行者が地獄にゆくなど、もってのほかです。

善行は、私の城を護る私の我欲を満たす最上の隠れ簑です。人の喜ぶことをする、自分の気のすむことをするのは、最上のエゴであり、楽なことです。楽な行為は続きます。そのエゴを、善行と得意がっていた恥ずかしさいっぱいの私です。

しかし、いかに善行を積んでも、氷上燃火です。廃悪修善は、刻々崩れゆく有限界のあがきであって、無限界とは全く関係のないことでした。どういたしましょう。「往くも死せん、還るも死せん、このまま止まっていても死せん」、まったく「三定死」の私であります。

無慚無愧のこの身にて　まことのこころはなけれども
弥陀の廻向の御名なれば　功徳は十方にみちたまう（「正像末和讃」）

「いずれにも行くべき道の絶えたれば口割り給う南無阿弥陀仏」、私は南無阿弥陀仏の法身の御光輪に身も心もご摂取をいただきました。

煩悩のまま、エゴいっぱいのまま、それが如来の煩悩、如来のエゴと転じさせてくださいました。

今は如来の煩悩、如来のエゴいっぱいに満足して楽々と生かさせてもらっています。

南無阿弥陀仏

自然他力・本願他力

清沢満之先生は、

何をか修養の方法となす。曰く、須らく自己を省察すべし、大道を知見すべし。大道を知見せば、自己にあるものに不足を感ずることなかるべし。（「絶対他力の大道」六）

と仰せになっている。しかし、私には私を省察する能力がない。省察しているつもりの私自身が無明である。

清沢先生は、

私の信念には、私が一切のことについて私の自力の無効なることを信ずるという点があります。この自力の無効なることを信ずるには、私の智慧や思案の有りったけを尽して、その頭の挙げようのないようになるということが必要である。これが甚だ骨の折れた仕事でありました。その窮極の達せらるる前にも、ずいぶん、宗教的信念はこんなものである、というような決着は時々出来ましたが、それが後から後から打ち壊わされてしまったことが幾度もありました。論理や研究で宗教を建立しようと思っている間は、この難を免れませぬ。何が善だやら悪だやら、何が真理だやら、非真理だやら、何が幸福だやら不幸だやら、一つも分るものではない。我には何にも分らないとなった処で、一切の事を挙げて、悉くこれを如来に信頼するということになったのが、私の信念の大要点であります。

と「我が信念」にお書きになっている。それで、先生の自己省察は、自力無効を信ずるということであり、大道知見は、一切如来のご活動なりと信知することを仰せになっているることと思う。

さて、私においては、自力無効になるほど、私はいよいよ「自力有効」を求めて苦悩するのである。

現前一念における心の起滅また自在なるものにあらず。我等は絶対的に他力の掌中にあるものなり。(「絶対他力の大道」二)

と、また仰せになっている。

私においては、現前一念における心の起滅が、自在でなくなるほど、私には、煩悩がいよいよ熾盛となって、もがくのである。すんなりと「絶対的に他力の掌中にあるものなり」という安心はできぬ。私はいよいよ煩悩熾盛となる。仰せられる道理はもっともだと思うが、私の安心にはならぬ。

昔、ある老人に「自然他力」と「本願他力」ということを教えてもらった。「自然他力」とは納得して安心することである。「眠っている間も、心臓は動いているではないか。一切は、絶対無限の妙用である。宇宙万有の千変万化は、皆是れ一大不可思議の妙用である」

私には、この自然の道理は納得できる。しかし納得はできても私の心の苦悩は取れぬ。安心ができぬ。この道理で安心のできたのを「自然他力」というのであると教えられた。

清沢先生は「自力無効のところに如来を信じた」と仰せになるが、私には如来が信じられぬ。「それは、お前が本当に自力無効を信ずることができぬからだ」と言われると思う。然り、自力無効が信ぜられぬのである。

しかし、私は老年になるにつけて、いよいよ自力無効が体でわかるようである。しかるに、自力無効と知らされれば知らされるほど、自力有効をさがして、逃げ道をさがして、ただにもがいている私自身である。

ただそれ絶対無限に乗託す。故に死生の事、また憂うるに足らず。

自力無効から、如来の信知、そこからこの世界は、ただそれ絶対無限の妙用と信知され、この自己は、ただそれ絶対無限に乗託しているのだと、先生は仰せになる。「故に死生の事、また憂うるに足らず」と仰せになる。

しかし、私には、自力無効になるほど、死生のことが心配でたまらぬ。「死してよし、生きてよし」など私には言えぬ。いよいよ「死して悪し」である。

『歎異抄』第三条に、

煩悩具足のわれらは、いずれの行にても、生死をはなるることあるべからざるをあわれみたまいて、願をおこしたまう本意、悪人成仏のためなれば、他力をたのみたてまつる悪人、もっとも往生の正因なり。

との大悲のお言葉がある。老年に及ぶにつけて、いよいよ私は、罪悪深重の自分に、日夜責めさいなまれている。いよいよ煩悩熾盛にさいなまれている私である。夢の中にも罪悪に責められ、悪魔に追い回されている私である。この私のために「本願他力」のお念仏が、口を割って摂取してくださる私である。

いずれにも行くべき道の絶えたれば口割り給う南無阿弥陀仏

数年前に白血病で亡くなられた広島の小島に住んでいられた山本あや子さんの、亡くなられるしばらく前の句や歌を少し左記したいと思う。

大海の中に舞い舞う木の葉かな

白血病で、すでに医者に見放された山本さんの心は、千々に舞い舞うているのだが、「大海の中」にという本願他力の御摂取の中である。

昭和五十七年（一九八二年）

煩悩の棄て所ありお手の中

小さな手ではない、広大無辺の大法界からあらわれ給うたお念仏のみ手の中である。

念仏に娑婆永劫の苦を取られ爽やかに吹く今朝の風かな

痛めつつ痛められつつ言うことの絶え果てにけり南無阿弥陀仏

水底の石拾わるる嬉しさは泥ぬき出でし花にまさらむ

地獄の下のその下で、阿弥陀仏の摂取のみ手は待っていてくださったのである。

細ぼそと世の片すみの念仏も摂取のみ手より洩るることなし

人知れず咲いてはしぼむ花にさえ弥陀のみ光りさして美し

残り火のかすかに闇をてらすごと業苦の旅路に光りほのぼの

南無阿弥陀仏

昭和五十八年（一九八三年）

果遂の誓

この婦人は、終戦直後からの私の信友である。最近は年に二、三回、お目にかかるご縁がある。先夜も会って、ゆっくりお話し合うたことである。

この婦人は、夫が戦死され、四人の子を懸命に育て上げ、男の子には嫁を持たせ、女の子は縁づかせ、ただ今は、一人で、ある事務所に勤めていられる。この婦人の申されるに、

「私は最近全く心の始末がつかなくなり、困り果てています。幼い子どもが育つまで、また子どもたちがそれぞれ家庭を持つまで、ただただお念仏に励まされて生かさせてもらってきました。貧困のどん底にあっても、お念仏が口を割ってくださると、心が明るくなり、勇気が溢れてきて、生き抜かさせてくださってまいりました。

清沢先生は『我、他力の救済を念ずるときは、我が世に処するの道開け、我、他力

の救済を忘るるときは、我が世に処するの道閉ず。我、他力の救済を念ずるときは、我、物欲のために迷わさるること少なく、我、他力の救済を忘るるときは、我、物欲のために迷わさるること多し。我、他力の救済を念ずるときは、我が処するところに光明照し、我、他力の救済を忘るるときは、我が処するところに黒闇覆う』と仰せになっていますが、私の今までのお念仏は、まさに清沢先生の仰せの通りであったと思います。

先生の『他力の救済を念ずる』と仰せになるのは、私には『南無阿弥陀仏』と称えさせてもらうことであったと思います。

しかし、先年病気になり、仕事をやめて長男のところに行っていました。このごろだいたい快くなって、元の仕事をさせてもらっていますが、今、どんなにお念仏をしても、昔のような明るさが出てきませんし、ファイトも湧きません。

子どもたちのところに行きましても、親切にはしてくれますが、なんだか溝ができて、よその扱いにされているようです。孫たちも大きくなるにつれ、ろくに話もしてくれなくなり、私はいよいよ孤独になり、一人ぼっちです。

病気がまたひどくなり、寝たきりの病人にでもなったらと思い、お念仏はしきりに出てくださいますが、我が世に処する道は閉じたままです。貯えはないし、子どもたちの生活も、やっとやっとだし、ああその時はその時だとお念仏しましても、私の心は物欲の虜であります。

一切は『お与えさま』と思っても、心は黒闇に閉ざされ、真夜中に心は悶えてなかなか眠れません。いったい私はどうしたらよいのでしょう」という内容の述懐でした。私は次のような私の思いを述べました。

「今までお念仏によって、勇気づけられ、生き抜いてこられたことは、まことにすばらしい、ありがたいことと思います。しかし今、いくら念仏しても、心は閉ざされたまま、黒闇のままだと言われます。私にも記憶がありますが、あなたはまことにしあわせのチャンスが今訪れたのではないでしょうか。『果遂の誓』の成就の時がきたのではないでしょうか。ご和讃に、

定散自力の称名は　果遂のちかいに帰してこそ
おしえざれども自然に　真如の門に転入する（「大経和讃」）

とあります。私の道が開けたり、物欲のために迷わされなくなったり、人生に光明が照らしたりするところには、本願念仏のお働きくださる場所はないのです。

『思案の頂上』というは、人知の万策尽きて、四苦八苦の場所です。諸仏に棄てられ、十悪五逆の罪人を迎え取って、大法に帰せしめてくださるのが、本願念仏です。

我が世に処する道閉じた全く三定死のところに摂取に来てくださる南無阿弥陀仏です。物欲のために身動きならぬ断末魔に摂取に来てくださる南無阿弥陀仏です。黒闇に覆われ迷いきったあがきいっぱいのところに摂取に来てくださる南無阿弥陀仏です。

今までの念仏の間に合わなくなったところが『釈迦の発遣』（押し出し）です。押し出されても迎え手がなかったら大変です。しかし、十劫の前からお待ちくださっていた『弥陀の招喚』がましますのです。

一度、このご招喚に遇うと、『障り多きに徳多し』で、困るほど、行き詰まるほど、大法から、方便法身の阿弥陀仏が南無阿弥陀仏となってお迎えくださるのです。

お念仏に摂取されたものは、道が開けるとか、物欲に迷わされぬとか、光明照すとか、人間の言葉は申しません。念仏に摂取されたものは『有無を離る』と仰せられます。摂取の中の生死であり、摂取の中の煩悩であります。ただ、南無阿弥陀仏、このままのお救いです。

『廻心』は、一生に一度と言われることは、南無阿弥陀仏に、身も心も摂取されたことです。摂取されて、法中の我を知らしてくださることです。

知らしめられた時は、知らしめられたという意識の外にいます。ご飯を食べたら、食べたという意識の外にいます。そこを摂取不捨と申されます。私中心の時は、私の三世に縛られていましたが、摂取をいただくと、私の三世はなくなる。有ったまま三世から解放される。等々」

とお話しするご縁をいただきました。南無阿弥陀仏

業報にさしまかせて

されればよきことも、あしきことも、業報にさしまかせて、ひとえに本願をたのみまいらすればこそ、他力にてはそうらえ。（『歎異抄』第十三条）

「宿業を受けて立つ」ということと、「業報にさしまかせる」ということとは、同じ意味であろうか。

卯毛羊毛のさきにいるちりばかりもつくるつみの、宿業にあらずということなしとしるべし。（『歎異抄』第十三条）

と、聖人の仰せとして、唯円坊は言われている。

私の身も心も宿業のあらわれである。業報なのである。それを受けて立つとは、どういう意味であろうか。いったい誰が受けて立つのであろうか。宿業そのものが私ではな

いか。

「宿業を受けて立つ」というのは、タドンはいかに万行諸善をやっても、絶対黒から逃れることはできぬのだ。それはタドンの宿業だから、その黒さに安住せよという意味であろう。あるいは、その黒さが、如来の大命だから、黒さに対して、「請う勿れ、求むる勿れ」という意味であろう。「なんじ、何の不足かある。もし不足ありと思わば、これなんじの不信にあらずや」その黒さこそ如来の大命である。その大命を受けて立って、生き生きと生活していこうという意味であろう。

「業報にさしまかせて、本願をたのむ」というのは、業報をいかにしても受けて立てぬところに、本願念仏に、身も心もおまかせすることである。

親鸞聖人は後者を取られたのである。比叡山二十年の修行は、宿業を受けて立とうという万行諸善であった。しかし、矢折れ弾尽きて、「ただ念仏して、弥陀にたすけられまいらすべしと、よきひとのおおせをかぶりて」ひとえに本願をたのまれたのである。

「ただそれ絶対無限に乗託す。故に死生の事、また憂うるに足らず」と、ずいぶんと長い間、自分に言い聞かせて、私は安心したかの如き心境であった。

大道を知見せば、自己にあるものに不足を感ずることなかるべし。（中略）自己は、外物他人のために傷害せらるるものに非ざるなり。傷害せらるべしと憂慮するは、

妄念妄想なり。妄念妄想はこれを除却せざるべからず。（「絶対他力の大道」六）

と、ずいぶんと長い間、自分に言い聞かせて、私は安心したかの如き心境であった。しかし、結局私はそこに安住できぬところに、弥陀の招喚に遇い、お念仏に遇い、摂取不捨していただいた現在である。

他力の救済を念じても、また私の道は閉じた。他力の救済を念じても、また物欲に迷わされ、また明るい心になっても黒闇はまた私の心を覆った。若存若亡であった。今、私は、若亡若亡である。若亡若亡のところに、大法よりの阿弥陀仏の摂取の手は届いてくださったのである。お念仏は、私を摂取して私を殺してくださったのである。私を殺して、私は法身だったことをお知らせくださったのである。

業報にさしまかせて、本願に摂取されるところに、私中心が、大法中心に、大転換をさせていただいたのである。

大法のご縁のまま、死生を憂うる日も、憂えぬ日も、牢獄に甘んずる日も、牢獄に泣く日も、怨親平等の南無阿弥陀仏である。風静まれば波立たず。また風吹けば波が立つ。自然法爾である。一切は如来のお手の中の出来事である。

本願円頓一乗は　　逆悪摂すと信知して
煩悩菩提体無二と　　すみやかにとくさとらしむ（「曇鸞和尚和讃」）

名号不思議の海水は　逆謗の屍骸もとどまらず
衆悪の万川帰しぬれば　功徳のうしおに一味なり（「曇鸞和尚和讃」）

宿業を見つむるまなこ打ち棄てただほれぼれと南無阿弥陀仏

的なしの聴聞

このごろ、的なしの聴聞ということをしきりに思う。的なしに、いかに弓矢を射ても、的中する的がないと、無駄な聴聞になるのではないかと思う。

「至心に三宝に帰依し奉るべし」この三宝帰依の道が、的だと私は思うのであるが、先に、何で矢を射なければならぬかという先決問題がある。それは、人間は誰しも、生死と煩悩の板挟みになって、日夜苦悩しているのである。この苦悩の解決である。

年取れば取るほど、病気が重くなればなるほど、死の恐怖におののくのである。それに対して私の意識は種々さまざまのものを引っ張ってきて、解決をさがしているが、結局はいずれも駄目である。空に上がる手は持たないのに、上がろうとして、時には上がり得たと錯誤することもあるが、壊れる意識で、得たと思っても、やがては壊れる。

釈尊の最後の説法に「四依」を説かれてある。

一、法に依りて、人に依らざるべし。

二、義に依りて、語に依らざるべし。

三、智に依りて、識に依らざるべし。

四、了義経に依りて、不了義経に依らざるべし。

いかに意識で得たと思っても、有限相対の私の意識では、永遠性がない。人間の頭の中に、前頭葉といわれる最も高等の働き、宗教的働きをする部分があると聞いても、生死と煩悩の板挟みの苦悩の解決はしてくれぬ。

「智に依りて、識に依らざるべし」とは、いったいどういうことなのであろうか。

「智」とは「仏智」である。

いつつの不思議をとくなかに　　仏法不思議にしくぞなき
仏法不思議ということは　　弥陀の弘誓になづけたり（「曇鸞和尚和讃」）

「本願を信じ、念仏申さば仏になる」

弥陀の誓願不思議にたすけられまいらせて、往生をばとぐるなりと信じて念仏もうさんとおもいたつこころのおこるとき、すなわち摂取不捨の利益にあずけしめたまうなり。（『歎異抄』第一条）

念仏をしようと思う心の発ったことは、裏からいえば、私自身の力で生きているのでなく、大法の阿弥陀仏により生かさしめられているという、大道体解の出発である。

それからは「障り多きに徳多し」で、お念仏の称えられるごとに、裏で、一切大道（大法、阿弥陀仏のお命）により、私は今ここにいることが、おのずからに信知させていただくことになっているのである。「弥陀の誓願不思議にたすけられまいらせて」である。

「往生を遂げる」とは、私は阿弥陀仏のお命から出ているという「大道体解」をさせていただくのである。

ここに単に私があって私があるのでなく、阿弥陀の大法の命からの私であると知らされるのである。ここに、「生死と煩悩の板挟み」の問題が完全に解決された。

「生死即涅槃」とは、生死は阿弥陀仏のご活動ということ。「煩悩即菩提」とは、煩悩は、阿弥陀仏の世界を荘厳しているご活動の生命力であることである。いずれも阿弥陀仏のお与えなのである。ここにお念仏のご摂取によって「大道体解」の第一の的は的中させてもらった。

第二の「智慧海の如し」は、射なくても的中している。三世十方阿弥陀仏の御智慧により、森羅万象、成就して、尽きることがない。

第三の「大衆を統理して一切無碍ならむ」も、射なくても的中している。私はいよいよ行き詰まるごとに、一切阿弥陀仏の掌中に統理されていることを信知させていただける。

「無縁の大悲」とは、私に救われる縁のないほど、阿弥陀仏の全く矛盾のない広大無辺の大悲を信知させていただける。

「唯除五逆誹謗正法」と、私自らが、自らに唯除されるところに、完全に如来の摂取にあずかる。如来物と、身も心もなさしめ給う大悲である。合掌

昭和五十九年（一九八四年）

身も南無阿弥陀仏　心も南無阿弥陀仏

この体の生死は、大法のみ運びのままということはわかるが、心は大法のままということが、どうしても納得できなかった。私の「心」というのは、煩悩のことである。「煩悩を断ぜずして涅槃を得」、「煩悩即菩提」ということが、長い間わからなかった。私は煩悩が邪魔になるので、なんとかして取ろうと、若い時から懸命であった。「あなたは、いくらお寺に参っても、少しも変わらない。怒ってばかりいる」と、奥さんは言う。お寺参りすれば、よい煩悩が多く出て、悪い煩悩が少なくなるものと、奥さんの煩悩は思うのである。

「いずれの行もおよびがたき身なれば、とても地獄は一定すみかぞかし」と、親鸞聖人は仰せられるが、お先、お先に出る煩悩だから、煩悩をとめることが、いずれの行をやっても駄目だという二十年の体験の上のお言葉である。煩悩が苦悩の種だから、取れねば取れぬほど苦悩するのである。困ったものだなど言ってはおれない。

私は、ある鍼師から「これは心不全の傾向がある」と言われたのが、念頭から取れない。以前、長い間、心臓が悪くて苦しんだが、今ではほとんど発作も起きないが、「心不全の傾向がある」と言われたのが、半年経っても、日に何回となく、その言葉が思い出されて、私は強迫される。

同級生が次々に死んでゆく。周りのものが（寺だから、葬式の案内がいつもある）死んでゆくことに、意識して、また無意識に、私は強迫されている。いつの間にか私は八十歳近くなっているし、強迫される度は深くなってゆく。

今までに、煩悩がさほど気にならぬ「気負い」の時も若い日はあった。

「ただそれ絶対無限に乗託す。故に死生の事、また憂うるに足らず」と、清沢先生の言葉を、我がことの如く、得々として、人に語ったこともあった。「憂うるに足らず」ということは、その底で憂えていることに気がついた。タドンを紙で包んでいたのだ。また憂えが出てくると、また白紙で包む。また出てくると、また包む。

「今、君は何をした」

「何もしてはいません」

「まばたいたでないか」

「そう言われると、無意識にまばたいたなあ」

「これで知れるだろう。一切は意識以前に、先き、先きに出ているのだよ。その先き、先に出ていることを、自分の都合のよいようにしようと苦悩しているのだ。意識以前に一切は、大法のままに、万事が出ているのだ。一切はただ大法のままだ。絶対無限の妙用だ。生前も、死後も、今も、大法のままだよ」

こんな話をしたら、その人は狂喜して涙を流した。しかし、しばらく経ってその人に会ったら、けろりとしていた。意識以前ということを、意識で受け取っていたのである。その時は喜んでも、意識は動く。けろりとするのも無理ないことである。

たとえて言えば、私の煩悩はタドンである。タドンが自性である。何を持ってきても、タドンが、みずからの力で白くなるわけにゆかぬ。他の力で白く塗っても、自性は黒である。

念仏もうさんとおもいたつこころのおこるとき、すなわち摂取不捨の利益にあずけしめたまうなり。（『歎異抄』第一条）

たとえて言えば、阿弥陀さまは宇宙万有の電源である。その電源の阿弥陀さまが、六字となって私の思案の頂上のところにお迎えに来てくださることを摂取不捨という。

摂取されてみると、タドンは単なる私のタドンでなく、電源のタドンである。そうなると、タドンの黒さが如来のものなのだ。

私は摂取されたのか。「煩悩を断ぜずして涅槃を得」「煩悩即菩提」ということが完全に納得できた。最上の幸せである。

なるべくよい煩悩を出すことが、人世の楽な道である。しかし、どんな悪い煩悩が出ても、阿弥陀さまだけは地獄の下で摂取してくださる。「死にとうない、死にとうない」と叫んで死んでも、お手の中だ。この煩悩の心が、如来廻向の真実心と知らせてもらい、私は大楽になった。南無阿弥陀仏

一心

聖道門のひとはみな　　自力の心をむねとして
他力不思議にいりぬれば　　義なきを義とすと信知せり

と「正像末和讃」に仰せになっている。聖道門の人は一心一向に自力の心を旨として、精進努力の末に他力不思議の世界を信知されるとの意味である。

論主の一心ととけるをば　　曇鸞大師のみことには

煩悩成就のわれらが　他力の信とのべたまう

と「曇鸞和尚和讃」には仰せになっている。

聖道門の一心と浄土門の一心とは、どこに相違があるのであろうか。聖道門の人は、一心一向に自力作善によって成仏するのである。浄土門の人は、自力作善では、いずれの行もおよびがたいところに「念仏成仏是真宗」である。

一心一向に精進努力しても、煩悩成就、煩悩で身も心も出来上がっていて、煩悩を断ずることは、まったく不可能である。その万策尽きた苦悩の頂上のところにただ一つ、お念仏に心が向かう道が残されている。真宗では、これを「一心」というのである。

私の「一心」ではない。万行諸善やっても私の「一心」の不可能なところに阿弥陀仏の招喚があった。そうして「念仏もうさんとおもいたつこころのおこった」ことを「一心」という。

論主とは、『浄土論』をお書きになった天親菩薩のことである。その「願生偈」のはじめに「世尊我一心、帰命尽十方無碍光如来」とある。この「一心」は、私の一心一向の自力作善の一心ではないとの曇鸞大師の御釈である。

どんなに一心一向の自力作善の行をやっても「煩悩成就」の我である。その煩悩成就から、一歩も出るわけにゆかぬ。「死生のこと憂うるに足らず」といっても、すでに憂えている煩悩の私が、底に居座っている。

親鸞聖人の晩年の「愚禿悲歎述懐」和讃に、

悪性さらにやめがたし　こころは蛇蝎のごとくなり
修善も雑毒なるゆえに　虚仮の行とぞなづけたる

と仰せになって、次のご和讃に、

無慚無愧のこの身にて　まことのこころはなけれども
弥陀の廻向の御名なれば　功徳は十方にみちたまう

とある。無慚無愧のこの身で、自力作善が全く用をなさぬ煩悩成就のわが身である。万策尽きた、いずれの行もおよびがたき、地獄一定の絶体絶命のところが、真宗の「一心」である。助かる縁のなき身が「一心」である。その「無縁」のところに、「弥陀の廻向の御名（南無阿弥陀仏）なれば、功徳は十方にみちたまう」という大功徳を廻向していただくのである。すなわち「帰命尽十方無碍光如来」の摂取不捨にあずかるのである。ここに聖道門と浄土門との「一心」の相違が知らされるのである。

「帖外和讃」に、

多聞浄戒えらばれず　破戒罪業きらわれず

ただよく念ずるひとのみぞ　瓦礫も金と変じける

とある。多聞浄戒で、成仏するのは、聖道門である。浄土門は、機をえらばない。破戒罪業も嫌われない。「罪はいかほど深くとも」弥陀のご摂取に関係はない。「ただよく念ずる」一点が必要である。それも私が念ずるのでは、自力作善の中に入る。

私の念じても間に合わぬ「無縁」の場にご廻向の南無阿弥陀仏の摂取にあずかる。すなわち「無縁の大悲」を蒙るのである。これを「瓦礫も金と変じける」と仰せられるのである。

「瓦礫も金と変じける」とは「大道を体解させていただく」というのである。私は有限の命でなく、光明無量、寿命無量の阿弥陀の光寿のお命より出来し、今も然り、未来も然り、過去も然りだったと信知させていただくのである。私がそのご利益をいただくと、宇宙万有すべてが、仏物と知らされる。自利利他のご利益を蒙るのである。

浄土の慈悲というは、念仏して、いそぎ仏になりて、大慈大悲心をもって、おもうがごとく衆生を利益するをいうべきなり。

の『歎異抄』第四条を心から頂戴させていただけることである。南無阿弥陀仏

等正覚

聖道門の此土の得道という教相にかわらんために、他土の往生という廃立をしばらくさだむるばかりなり。和会するときは、此土・他土一異に、凡聖不二なるべし。

と『改邪鈔』にある。

聖道門も浄土門も、畢竟するところは一つである。ただ問題は、方法が違うのである。聖道門は「自分の心を旨として、他力不思議に入る」と示されてある。わが親鸞聖人は、「自力の心」で、比叡山で二十年精進なさったが、他力不思議に入れなかったのである。そうして「聖道自力を棄てて、本願他力に帰す」と浄土門の念仏に入られたのである。

「念仏成仏是真宗」との仰せの通り、念仏に摂取されあそばして、聖道門の「正覚」と等しいところの「等正覚」が、本願念仏で授与されなかったのである。故に「如来大悲の恩徳は、身を粉にしても報ずべし」と、本願念仏にお礼を申されている。これを勧めてくださった師主知識に、骨を砕きても謝すべしと仰せになっているのである。

さて、問題は正遠自身のことである。私は比叡山に修行に行った覚えはない。しかし、親鸞聖人が比叡山で修行をして「正覚」を取られたのなら、親鸞聖人に私はついて行けない。

「正覚」が取れなかったのである。取れなくて「念仏」の人になられたのである。私も比叡山に行かないでも、人生に行き詰まったのであろう。「お念仏」が口を割ってくださった。私の口からお念仏がお出ましになったということは、「自力の心」の不可能ということをお知らせくださった「証《あかし》」である。

お念仏が口を割ってくださったことは、「他力不思議に入る」出発を与えてくださっていた大悲だったと、今しみじみと感謝申し上げることである。

二十願の「罪福」求めての半自力・半他力のお念仏が、私には御宝であったことを今さらながらありがたく思う。いくら自力の念仏をしても、次々に「罪障」さまに責め立てられて、ついに「果遂の誓」まで、押し落としてくださったのが「二十願」の自力の念仏のお陰さまであった。

念仏して、自分の身をかばおうとしても、罪障に責め立てられて、地獄の下まで落としてもらって、地獄の下の大悲の阿弥陀さまに摂取いただいたのである。

のである。

「機の深信」は、私でできるものでない。罪障さまがしてくださるのである。「法の深信」も、私がするものでない。すべてが「弥陀の誓願不思議」のご廻向によるものである。

南無阿弥陀仏の廻向の　恩徳広大不思議にて
往相廻向の利益には　還相廻向に廻入せり（『正像末和讃』）

お念仏のご摂取により、他力不思議の「大道」を信知させていただいたのである。そうして、おのずからに「一切は如来の御智慧により成就している」こと、また「一切大衆は、如来の掌中に統理されている」ことの還相廻向のご利益を、一時に頂戴させていただいた。最上のご恩徳である。

さて、私の比叡山の修行は、清沢先生でましました。一心に、清沢先生について行こうとしたが、ついに清沢先生の聖道門に棄てていただいたのである。

なぜに、清沢先生を聖道門と私は言うのか。「我が信念」の中に、

私の信念には、私が一切のことについて私の自力の無功なることを信ずるという点があります。この自力の無功なることを信ずるには、私の智慧や思案の有りったけを尽して、その頭の挙げようのないようになるということが必要である。これが甚だ骨の折れた仕事でありました。

と仰せられる。

我には何にも分らないとなった処で、一切の事を挙げて、悉くこれを如来に信頼するということになったのが、私の信念の大要点であります。

とある。

「自力無効になるのに骨が折れた」と仰せられるところに「自力の心を旨として」他力不思議に入られたものと愚考するのである。私は自力無効になればなるほど、「煩悩熾盛」になって、全く始末のつかぬところに、阿弥陀さまからの摂取のお念仏が口を割ってくださった。自力の念仏も間に合わぬところに、おのずからに、私は大法の阿弥陀仏の摂取の中にいたことを信知させてもらった。

「自力無効になれぬ」故に「如来を信頼できぬ」そのあわれな私のために、大悲の阿弥陀さまは、大法から慈母として、私を摂取に来てくださったのである。そうして「等正覚」の大慈大悲を賜ったのである。南無阿弥陀仏

摂取不捨の大悲

諸善万行ことごとく　至心発願せるゆえに
往生浄土の方便の　善とならぬはなかりけり（「大経和讃」）

とありますが、「往生浄土の方便の善」とおっしゃることは、一言にして言えば、「念仏の申される身」となるということです。

聖人叡山での「諸善万行」が、「いずれの行もおよびがたき身なれば、とても地獄は一定すみかぞかし」のところまで追い込まれて、お念仏申される身とおなりになったのです。

では、私たちも比叡山に行かねばならぬかといえば、そうではありません。人間の誰しもが苦悩している根元をたずねれば、すべて諸善万行が成就しないところから起こっているといっても過言ではないと思います。成就したのなら、私はついて行けないが、成就しないところに、聖人のみ跡について行ける可能性があります。

果遂の願によりてこそ　釈迦は善本徳本を
弥陀経にあらわして　一乗の機をすすめける（「大経和讃」）

「一乗の機」が、まことにありがたいと思います。道が一本になったのです。自力の念仏か、他力の念仏か、私にはまったく分からないが、お念仏が口を割ってくださったということは、道が一本になったのです。飛行機に乗ったら、もう勝手に絶対降りられません。

定散自力の称名は　果遂のちかいに帰してこそ
おしえざれども自然に　真如の門に転入する（「大経和讃」）

はじめは、二十願の定散自力の「罪福」を求めての念仏から、私を浄土に導入してくださるのです。しかし、罪障が身の上に積もり重なっても、念仏はその罪障を取ってはくれないのです。でも「一乗の機」になったものは、罪障が取れねば取れぬほど、お念仏がお出ましくださるのです。罪障のいよいよ取れぬことが、「果遂のちかい」にだんだんと近づくことになっているのです。

『阿弥陀経』の念仏から『大経』の念仏に転ずるところの要は、いったいどこにあるのでしょうか。それは第十八願の「唯除五逆誹謗正法」にあると思います。いくら念仏しても、五逆の罪から逃れられない。いくら念仏しても、誹謗正法の罪から逃れられない。

誹謗正法の罪というのは、大法に対して、自分の都合よい善を取り、自分の都合の悪い悪を取り去ろうと懸命になっている不遜の罪をいうのです。

「アダムとイブが、知恵の実を食い、天国から追放された」というが、神は追放いたしませぬ。自らが、神のお仕事に善悪をつけて、神の仕事を私しようとするところに、自らが神の国を飛び出して、自分の首を自分で絞めて苦悩しているのです。しかし、私には、締めている縄を取る力は全くないのです。「久遠劫よりいままで流転せる苦悩の旧里はすてがたく」と、『歎異抄』の仰せの通りです。

無限の大法のお命の中に、私という有限の枠をつくって、自分で自分の首を絞めて流転しているのです。「諸善万行」をいかにやっても、「定散自力の称名」をいかにやっても、救済絶無になったことを「唯除五逆誹謗正法」というのです。

ほかの諸仏は、五逆の罪を取り、誹謗正法の罪を取ってやるとおっしゃっても、私自身が五逆そのものであり、誹謗正法そのものなのです。

阿弥陀仏の救済は、「摂取不捨」の救済です。罪を取るのでなく、そのまま摂取くださる大悲です。機法一体の南無阿弥陀仏です。無縁の大悲です。無限の大悲の中に、有限そのままを摂取してくださるのです。

本願円頓一乗は　　逆悪摂すと信知して
煩悩菩提体無二と　　すみやかにとくさとらしむ（「曇鸞和尚和讃」）

名号不思議の海水は　逆謗の屍骸もとどまらず
衆悪の万川帰しぬれば　功徳のうしおに一味なり（「曇鸞和尚和讃」）

十八願の念仏は、大法よりのご廻向です。無救済の私に、大法より顕れ給うた阿弥陀仏の「南無阿弥陀仏とたのませたまいて、迎えんとはからわせたまいたる」ご廻向のお念仏でましますす。光寿無量の極楽浄土に引接くださる大悲大慈のお念仏です。南無阿弥陀仏

南無阿弥陀仏に私を放り込め

若い坊守さまからのお便りです。

「……私の寺での彼岸法要の時に、先生のご本『親のこころ、子のこころ』をいただきまして、本当にありがとうございました。

ちょうど私の身体のことですっかり落ち込んでしまっている時でございましたので、このご本で助かりました。教えを聞かせていただく身でございましたので、本当によかったと思いました。

町で行なわれております胃ガンの検診で、腫瘍のあることがわかりまして、再検診を受け、それが悪性か良性かという結果待ちの真っただ中に、ご本をいただきました。私自身の命というものと、生まれてはじめて対面させていただきました。検査の結果がもし良好であったとしても、『これで助かった』と、その良好であったことに救われるような、それだけの安心を求めているのではない、自分の苦悩する身が、そこにありました。そこまで私をおとしめて、本当に安心を求めさせていただいたと思います。

その苦悩は私の苦悩でなく、如来より与えられたものでした。その如来に会わしめんがために、私自身の身を投げ出させていただいているのでした。

身の周りにたくさんの人がガンによって命を亡くされています。私だけはそこからのがれたくて身をふるわせておりました。

清沢先生のお言葉にもありますように、『生のみが我等にあらず。死もまた我等なり』自分だけはなんとか逃れようとするその根性……。

不安のあまり、先生のご本にすがりついておりました。『南無阿弥陀仏に、私を放り込め』、このお言葉に、はじめて南無阿弥陀仏をとなえさせていただきました。

昨日、検査の結果がわかる日でしたので、もうどっちになっても、ただ受けさせていただくのみ……と、安心ができておったと思います。

幸い、腫瘍は良好のものでした。もうしばらく生をたまわったようでございます。

主人にも母にも『もうしばらく……よろしくお願いいたします』と申しました。

教えを聞かせていただいて、本当によかったと思います。聞かせていただいていなかったら、どうなっていたかと思います。

如来は私を見捨てたまわず、私の全身になってくださっております。本当にありがとうございました。……」

また別の、長い間、両足が全く不自由のご婦人からのお便りです。

「南無阿弥陀仏。尊いご慈愛に満ちたお便り、先生ありがとうございました。また利枝先生ご署名の『よび声』頂戴いたしまして、思いがけなく喜んでおります。

私は今まで先生のご著書を読ませていただきながら、心にいただいていなかったことを、今度のお手紙でわからせていただきました。わからせていただいて、涙が溢れてまいりました。

私は南瓜だったのです。南瓜なのに、となりの西瓜になりたくて、なることができず苦しんでまいりました。

ほのぼのとした喜びに浸ることもございましたが、それに満足できず、踊躍歓喜を求めていました。それは信心ではなくて、自分の欲望の満足を願っていたことでした。

利枝先生の仰せの通り、『自己を中心とした世界において、信心を探し求め、得ようともがいていた』のでございます。南瓜には南瓜の味があり、形があり、それが仏さまからのいただきものでございました。そして仏さまのご用をさせていただくのでありました。今はっきり胸の奥深く沁みとおってまいりました。

『その身、そのままの往生』ということも、うなずかれるようでございます。『ぬるま湯が如来さまからのお与え』、まことにありがとうございました。

如来さまのおまかないの中にあって、身にかなうことをさせていただきながら、生かされてゆくことと、今、新たに思っております。ありがとうございました。

お二方とも、どうぞ御法体お大切にお過しくださいませ。合掌」

藤原正遠師を想う

信の風光―藤原正遠師のこと

金光　寿郎

私が藤原正遠先生にお会いしたのは、ほとんどの場合、ラジオやテレビの番組を制作するためでした。今回改めて放送の記録を調べてみると、日記をつけていない私の記憶と事実とが違っていました。私はテレビ「こころの時代」に初めて出演していただいたときが正遠先生との初対面だったと覚えていたのですが、事実は、そのテレビ放送の三年前で、昭和六十一年にラジオの「宗教の時間」に出演していただいていました。

そのラジオの「宗教の時間」は「念仏無間」というテーマでした。このときは、旧知の篤信の念仏者だったご婦人から、「今度、東京の私たちのグループに藤原正遠先生をお招きするので、お話を聞いてみませんか」というお誘いを受けて、正遠先生についてもいろいろ教えていただいたので、「この機会に録音できるようであればお願いしてみよう」と思いながらお話を聞きに出かけました。

その日、十人ほどの集まりを前に、正遠先生は「きょうは『念仏無間』というテーマでお話ししましょう」と言われました。「念仏無間」といえば日蓮上人の四箇格言の一つとして有名です。日蓮上人の時代に日本全国に広がっていた念仏信者の様相を見ていた日蓮上人流の批判的発言ですが、その批判の言葉を真正面から受けとめて、さらに無間地獄の底にこそ阿弥陀さまのお働きの場があると、批判者の言葉を梃子にして一層深めた正遠先生のお話は、仏教のしなやかな強さ、仏教の自由さを示す発言だと感心させられました。そして、遠くから来られた先生のお話を聞く機会は当分ないだろうと考えて、いつ放送できるか予定はないままに、そのお話に引き続いて、録音をお願いしたように思います。

その番組は、正遠先生が以前に書かれた『摂取の大悲』の中の「念仏無間とは」という章の冒頭の部分を、「です」「ます」調に改めて、朗読することから始められました。

「日蓮上人は『念仏無間』と仰せられたといわれます。念仏すれば無間地獄に落ちるというのが一般的の解釈になっているようでございます。しかし、大上人日蓮とまでいわれた方が、同じ仏教である念仏を誹謗なさるはずがない。日蓮上人の本当のお心は、念仏すれば、地獄に落ちて助かる縁のないものを、阿弥陀仏だけは摂取して成仏させてくださると申されるのだと私は拝察します。

一体、聖道門と浄土門との建て前は違うのであります。同じく成仏するのですが、方向が違います。聖道門は万行諸善、自力にて成仏するのであります。浄土門は、自力尽き果て、何れの行も及び難き極みに、弥陀の摂取に遇って、成仏させていただくのであります」

この聖道門と浄土門の特徴について解説してある原文の朗読の後で、次の歌を紹介されました。

たのめとは助かる縁のなき身ぞと教えて救う弥陀のよび声

まったく助かる縁のない無間地獄の極底に、弥陀は待ち受けてくださって、そこに親子対面、機法一体の南無阿弥陀仏、無縁の大悲があるといわれ、阿弥陀如来との出会い、念仏信心の実際を話してくださいました。しかしこの時は、一対一の対談でなくてグループの前でのお話と対談だったせいか、私は「念仏無間」の解釈の面白さには感心したものの、念仏者としての正遠先生独特の雰囲気には気がつきませんでした。

二度目にお目にかかったテレビ番組の内容は、後年になってもたびたび思い出されたために、いつのまにか、この正遠先生のテレビ「こころの時代」初出演のときに初めてお目にかかったように思い込み、印象の薄かったラジオ番組のほうが記憶の中で後に回ってしまったのでしょう。

それにしても、私の頭の中では、正遠先生とは何十年も前からお会いしてきたように思えるのですが、今度調べてみて、実際には初めてお会いしてから現在まで十数年しか経っていなかったのかと改めてびっくりしました。

初めてテレビ「こころの時代」に出演していただいたときのテーマは、「百花みな香りあるごと」で、言うまでもなく、

百花みな香りあるごと人の世の人の仕草のみな香りあり

という正遠先生の歌からいただいたものです。

その番組は平成元年の四月に放送されています。この番組のことは、日頃の仕事の進め方と違って、他の放送局からの依頼から始まったのでハッキリと覚えています。

今も日曜日の朝放送している「こころの時代」という番組は、日曜日が一か月に四回ある月は東京

と大阪の放送局が受け持って、第五日曜日がある月には名古屋局で制作を受け持つことになっていました。そのときも、まず名古屋放送局のディレクターから電話がありました。

「今度、自分が担当することになった『こころの時代』で、藤原正遠先生にお話していただこうと思っているのですが、正遠先生が聞き手を金光さんにしてほしいとおっしゃっているので引き受けてもらえませんか」

という趣旨の電話でした。

その数年前から私は時々、「こころの時代」の聞き役を勤めるようになっていました。それ以前の長い間、「次の番組には誰に出演していただくか、聞き役をお願いするには誰がいいか、話の内容、話題の順序はどうすればよいか」というようなことを考えるディレクターの仕事を続けていたのですが、あるとき、出演予定の聞き役が急病になったので、急遽代役として聞き手を勤めたところ意外に好評であったことと、自分が聞き役兼ディレクターの二役を兼ねてみると、出演者との意思の疎通が大変楽で、しかも効果的にできることを知ったことで、当時はアナウンサー以外の職員は番組の表面に出ない慣習だったのですが、私は聞き手も兼ねた仕事をしたいものだと思うようになりました。ところがその頃から、他の番組でも記者やディレクターが画面に顔を出すことが多くなってきたので、私が聞き手を勤める回数も無理なく多くすることができたのでした。

そして、ディレクターをしている間に気がついていた、主役の話の邪魔をする聞き手にならないこと、初めて話を聞く人のためには自分が知っていることでも知らない人の立場から質問する聞き手であることの二つの点に努力していました。そういう時期に、正遠先生が指名してくださったと聞いたので、すでに一度お会いしていたことより、自分の努力していた点に正遠先生が注目してくださった努力賞かもしれないなと思ったり、一方ではうぬぼれてはいけないと思ったりしながら、喜んでお引き受けしたことを思い出します。

それから、正遠先生の著書、『親のこころ子のこころ』と『摂取の大悲』を取り寄せたのですが、十分読む時間がないままに、名古屋放送局での録画のために岡山での法話会から回ってこられた正遠先生にお会いしました。

テレビ出演が初めての人には、どことなく緊張が見られるものですが、にこにこ顔の正遠先生が岡山から名古屋に着くまでの話をなさるのを聞いていますと、まだ内容の打ち合わせは何もしないうちに、お話の背後から何とも言えない安心感が伝わってきました。

それまでの数年間のインタビュー経験から、あまり詳細に話の順序や内容を決めてしまうと、その点に拘束される程度に応じて話から生きの良さや説得力が脱落していくことが多いのに対して、大まかに話の方向だけを決めておいて、話がその方向に向って自然に進んだときほど番組の説得力が強くなることに気がついていたので、私は次第に細かい打ち合わせをしないようになっていました。実際には、その人に応じて、多少は注意点をお伝えしなければならない場合もあるのですが、この時にはそういう配慮は一切不要でした。

宗教関係の番組を担当していていつも不思議に思うのは、安心とか救いについていくら雄弁に話す人であっても、その人から安心感や解放感が伝わってこないこともあれば、話は決して上手でなくてもその人から安らぎが伝わってくることがあることです。正遠先生からは間違いなく安らぎが感じられたので、「最初に在家から仏道を求めるようになった動機をうかがいます」という点だけを打ち合わせて本番に入りました。宗教とか信仰と一口にいっても、その領域は人間生活の多方面に関係していることですから、宗教や信仰のどこに関心を持つのか、人によって違いがあるのは当然ですが、そのときの私の関心の中心は、安心とか救いをどうすれば手に入れることができるかということでした。それまで、何度「発心修行」とか「聞思修」とか聞いても、安心の世界がなお遥か向うに存在しているように思えていたので、正遠先生にまず仏教への関心を持つようになった動機をうかがってから、あわよくば正遠先生が在家からスタートして安心を感じるようになるまでの経緯を聞かせてもらおうと思っていたのでした。

正遠先生が最初に仏教へ心が向かった動機について話された内容は、旧制高校の受験勉強をしていたときのエピソードでした。お兄さんの娘さんが小学校一年生で、そのお友達で園子というお嬢さんがよく遊びに来るので、受験勉強の息抜きに相手になってよく遊んでいたのですが、その園子さんが遊びに来なくなりました。聞いてみると脳膜炎にかかっているというので、二、三回見舞いに行ったのですが、大変苦しんだ末に亡くなりました。正遠先生はその子に死なれてから、死の問題にとりつかれて、勉強ができなくなってしまいました。毎日のように園子さんのお墓のところへ行って、死ぬということはどういうことか考えながら一日寝転んで帰るような日が続いたそうです。そうなると進学したい方向も自然に変って、大谷大学へ入学することになったというお話でした。この正遠先生の心の変化を発心というのでしょうが、発心の話を聞くことができれば、その結果である修行から救いに到達するまでの道筋を聞きたいのが人情です。

正遠先生は直面した死の問題のことを「死に脅迫された」という言葉で表現されましたが、続いて私が「大学に入って死の問題が解決しましたか」と質問しますと、お話がお念仏による救いについての話に移りました。その話の中で、後年私が正遠先生のお話を聞くたびに紹介された自作の歌が出てきました。

いずこにも行くべき道の絶えたれば口割り給う南無阿弥陀仏

この歌は、その後正遠先生のお話を聞くたびに毎回出てくる、信心の核心を伝えるもので、「いずこ」のところが「いずれ」になっている歌もありますが、いずれにしても行くべき道が絶えた「地獄の下の、私たちが万策尽きてお手上げになったところで助けてくださる」阿弥陀さまは、遠く離れた別世界においでになるのではなくて私たちと離れないところにおいでになるということをさらりと話されて、話題は次々に展開していきました。

親鸞聖人が比叡山で二十年ご修行の末に法然上人のところへ行かれたのも「行くべき道が絶えた」からであること、「地獄は一定住みかぞかし」ということは地獄の中で救われるのですかと質問しますと、地獄の中でというときはまだ「私」が残っている苦しみの真っ最中で、地獄の中でなく地獄の下が「私」のない大法界であり、「南無阿弥陀仏」は大法界の証しであるということなど、私にとっ

て耳新しい話題がにこにこ顔の先生の口から次々に出てきました。そして、

生きるものは生かしめ給う死ぬものは死なしめ給う我に手のなし南無阿弥陀仏

という歌も紹介されました。正遠先生のお話にいつも出てくる歌ですが、何をする手だてもない私を、地獄の下の、万物の活動する世界で待っていてくださる仏さまが、「生きるものは生かしめ給い、死ぬものは死なしめ給う」し、死ぬのは嫌だという心もちゃんとくださっているとも言われます。

そして、修行を積み上げて理想の世界に行くというのは錯覚と思うとも言われました。仏になるということは心がほどけるということであるとも言われる正遠先生の体験から出た言葉、「南無阿弥陀仏というところで、命のある間は生かしてもらうし、死ぬ時は死ぬということ、向う様の仰せのままということが自然と教えられて、まあ、楽になったですねえ」という口調から、その楽さ加減が伝わってくるようでした。また、

行くにあらず帰るというを喜びし君は帰りぬ弥陀の浄土に

という歌も紹介されました。死ぬのを恐れていた病床にある婦人に、「これから知らないところに行くのではなくて、草が大地から生えて大地に帰るように、百花みな、宇宙全体が、光明無量寿命無量の永遠なる活動の中から出て、みなそこへ帰っているでしょう」と話したところ、その婦人が「ああ、楽になった」といって亡くなったときの歌だということでした。

大谷大学在学中に、この話と同じような体験を持ったというお話もありました。大学を卒業する少し前に、友達と一緒に、ある家の離れを借りて自炊していたことがあって、その母屋に居た和子さん

という子どもの話でした。家族みんなが結核で亡くなったために、北海道から親戚だった母屋に引き取られていたのですが、その和子さんも結核がひどくなって死にそうになったときに、ちょうど旅先から帰ってきた正遠先生が、仏さまのお印だからといってお数珠を渡し、「仏さまの国から来て、ご用が済めば仏さまの国に帰るのやから、仏さまを南無阿弥陀仏というのやから、寂しかったら南無阿弥陀仏と言いなさい」と言って、明くる日行ったら前の日まで髪振り乱していた和子さんの顔が観音さまみたいな顔になっていました。それから四、五日して亡くなったそうですが、この和子さんとの話も自分がお念仏に摂取されていたからできたのでしょうと言われました。

そういう話の展開の中で、如来さまから廻向される「機法一体」とか、お念仏して死んだらいいところへ行くと考えるような「私」の自由の世界を求める「機法別体」とか、それを頭で納得する「機法合体」とか、信心のさまざまな段階がさりげなく解説されていたのでしたが、その番組の対談中は、こんなに多くの大事な信心の要点が盛り込まれていたことには気がつきませんでした。後年、何回も聞く機会があった法話の中で、この番組で紹介されたお話が何度も繰り返されるたびに、あのときテレビで話されたことがまた出てきたと気づかされるのですが、それでいて、いつも新しい話のように感じられるのも不思議なことでした。

このときの話の中で、夜寝ているときでも心臓が動いていたり呼吸を続けているのは他力であるといわれて、それを頭で納得するような理解の仕方を「納得他力」というと言われたのですが、総じて頭で納得したがる癖のある私にとってこの「納得他力」という言葉は、大変印象深いものでした。ほかの時にも、私が正遠先生のお話に反応して、よく「そのことに気がつくと……」と言ったのですが、そのたびに即座に、「気がつくということ、気がつく自分が残っているから違っている」という返事が返ってきました。その後何度も、「こういうことですね」という意味の発言をすると、いつもそこに存在する「私」を鋭く指摘されるのでした。

十数年の間には、何度も正遠先生にお会いする機会があったのですが、その中でも特に印象が深かったのは、大分県日田市の照蓮寺さんでの法話を録音した時のことでした。

昼席と夜席と翌日の昼席との三回の法話を、三回連続の番組にして放送するという諒解のもとに、毎回番組に必要な四十五分間は話してくださいとお願いしていたのですが、最初の昼席のときに、『歎異抄』の第二条、「おのおの十余か国のさかいをこえて、身命をかえりみずして、たずねきたらしめたまう御こころざし、ひとえに往生極楽のみちをといきかんがためなり」を読み上げて法話を始められました。そして、「往生極楽とは心のしこりが解けることです」と、いつもの正遠先生流に、お念仏とは、困ったときに「お母ちゃん」と呼ぶのと同じように、困ったときに「南無阿弥陀仏」と呼ぶことですというような、分かりやすいお話が次々に出てくるので、安心して録音していました。ところが、三十分過ぎた頃に突然、「ではこれで、また夜お会いしましょう」という言葉が聞こえてきたので、慌てて先生のところに駆け寄り、「まだ放送時間に足りないので、もう少し質問に答えてください」とお願いして、対談に切り替えてもらいました。これまでの正遠先生のお話と同じ素材でも取り上げる角度が違ったので、新鮮さが生まれたのでしょうか、この対談は聴聞した人たちにも喜ばれたようでした。

そのせいであったのか、先生の体の調子が良くなかったためか、夜席も十数分経ったところで、「これから、そこに見えている金光さんとの対談に移りましょう」といわれ、翌日の昼席も二十分ほどで対談に移ると発言されてしまいました。対談に移ると、時には鋭く私の問題把握の姿勢を指摘し、時には軽妙な軽口で難しい問題を見事にさばいて、大きないのちの流れに浮かびながら自由に泳いでいる人の自在さを見事に発揮されました。一対一の話になって、正遠先生が信心の障りになる「私」を指摘する姿には、法話の時の穏やかさと違った厳しさ、信心を獲得した人の真骨頂がうかがえるようでした。

正遠先生が若い時から作ってきた短歌には、信心の要を歌った作品が少なくありません。法話の中でもよく引用されましたので、これまでにも何首か紹介しましたが、数多く残されている歌の中からいくつかを紹介しましょう。

仏さまの世界を説くのに、人間のほうから仏さまの世界に向う方向で説く場合と、仏さまの世界から人間に向って説く場合と、大きく分けて二つの方向があるように思います。

まず、人間の立場に立っていると思われる歌。

念々に襲う苦悩を提げてゆく力尽き果て南無阿弥陀仏

人生に失格すればいよいよに絶対無限の澄みて見えて来

次は、無量寿の仏さまに包まれたところから歌われたと思われる歌。

来し方も亦行く方も今日の日もわれは知らねどみ運びのまま

一息が永遠《とわ》のいのちと知らされてすべてのものが輝きて見ゆ

次は、如来の世界に摂取された目で、この世を見なおしたと思われる歌。

西瓜ぼとけ南瓜ぼとけとおのもおのも安立《あんりゅう》したるここは法界

みほとけのいのち違わず柿は柿蜜柑は蜜柑の味の不可思議

最後に、すべてを包んだ歌一首。

あや雲の流るるごとくわがいのち永遠《とわ》のいのちの中を流るる

父を偲ぶ──念仏に生かされた人

三上正廣

正廣　お父さんは、暖かい九州から雪国の北陸へ、どんなご縁で来られたのですか。

正遠　それはまさに不思議なご縁と言わざるをえない。私が四歳の頃、一晩泣き続けて、両親は、この子は気が狂うたのでないかと心配してくれた由である。

太陽と月がぶっつかって大爆音とともにバラバラとなり、それから星と星とがぶつかり合って火花を散らす。それが次々と続いて、その夢で私は泣き続けていたのである。

私は四歳から死の恐怖にさらされていた。中学の頃、丸三年キリスト教会に通ったのも坐禅などしたことも、心の裏に死の恐怖があったからであろう。

毎日のように、よく遊びに来ていた近所の少女が、医者に診てもらったり、毎日祈祷してもらったり、病気がちであったが、急に七転八倒して狂ったように死んでいった。

それが、私を大谷大学に入れしめた直接の原因であった。大谷大学に入学させていただいたけれど、しかし死の解決を与えてくださる先生には遇えなかった。

ある先生が申された。「善知識は人に限らない、お聖教が善知識になってくださることがある」と。

私を石川県のこの寺に、入寺養子の仲人をしてくださったのは、恩師林五邦師であった。以前から『歎異抄』に目を通していたが、林五邦先生から、さらに勧められて、『歎異抄』第二章の「ただ念仏して、弥陀にたすけられまいらすべし」の金言に出遇わなかったら、今日の私の心の明朗はあり得ないのである。

正廣　お父さんも入寺されたが、私も養子入寺しなければならないが、とても前途が不安・心配です。お父さんの経験を通じ、教えてください。

正遠　それは、こちらから一切、条件・注文を出さないことである。無条件降伏・お手上げで入寺しなさい。

条件・注文を出せば出すほど、自分で首をしめることになる。やがて分るだろうが、「死ねば生きられる」「死ねば生きられる」。ありがたいことに、お念仏が道をつけてくださるのである。

今後はいよいよ四苦八苦、ことに怨憎会苦の連続である。怒り・腹立ち・怨み・憎しみで苦悩すると思うが、たとえば、○○さんは、なんであんな言動するのか、それには必ずわけがあり、背景がある。あのように言うのも、あのようにするのも、無理はなかったといただかん限り、怨憎・苦悩だけで一生を終わる。世間的には、「人のふり見て我がふり直せ」といわれているが、「人のふり見て我がふりとせよ」である。私の代わりに他人様が見せてくださっているのである。私の代わりに演じてくださっているのである。ご縁に依って何をやりだすか分からない。

人のふり見て我がふりを直せるはずがない。まさに「さるべき業縁のもよおさば」である。

正廣　「時計の針を見るのが怖い」と言われたようですが、どんなことですか。

正遠　それは一針が動くということは、一息が減ることであり、心臓の拍動の数が減ることである。老・死が刻々迫ってくることである。私は心臓肥大という病気で、もう息が止まるような苦しみにさいなまれることが何度かある。おまえは心臓の拍動を意識したことがあるか。

時計の一針が動くということは、お与えの拍動の数が一息減るということである。

清沢満之先生は「現前一念における心の起滅自在なるものにあらず」とおっしゃる。身も心も自分の意志どおりにならぬということである。清沢先生の「絶対他力の大道」を読み直しなさい。

妙好人の「一息が仏力さま」といわれたとおりである。

正廣　「信に死して願に生きる」「願に死して信に生きる」という諍論がありますが、どのようにいただかれますか。

正遠　言葉の解釈が分かって念仏するのではない。念仏すれば、どちらにも決めなくてよい境地が開かれる。念仏成仏是真宗です。念仏申しなさい。

成仏は阿弥陀さまのお仕事です。

すべて南無阿弥陀仏に収まる。仏の一人働きで、こちらから手を出さんこっちゃ。

正廣　お父さんは阿弥陀如来のことを、お母さん・親さま・如来さま・お与えさまとかいわれて、教学的な押さえもなく、ただ擬人化しているだけという人がいますが。

正遠

子の母をおもうがごとくにて　衆生仏を憶すれば
現前当来とおからず　如来を拝見うたがわず

そして、

超日月光この身には　念仏三昧おしえしむ
十方の如来は衆生を　一子のごとく憐念す

とある。私なりに言うと、

念仏の外にとやかく言いて来し　昔を雑行と思うこのごろ
念仏とひとり遊びのできること　これを大悲とわたくしは言う

話は変るが、〇〇教学とか、釈迦・親鸞・蓮如と呼び捨てにしている若い人がおられるが、〇〇聖人、〇〇上人、〇〇さまでしょう。

「阿弥陀に帰命せよ」というご使者を、真実の命の根源を説かれた尊者・祖師を、呼び捨てにするのはいかがなものか。

正廣　お父さんは「念仏を食べたか。念仏を食べなさい。念仏が美味しい」と言われていますが、それはどういうことですか。

正遠　歯の痛むときは歯痛薬、お腹の痛いときは胃腸薬を飲む。頭の痛いとき頭痛薬などを飲む。小さな字で印刷してある効能書きを確かめて飲むのか。効能書きを確かめて飲む人もあるでしょう。お腹の痛いときは、私は即座に飲む。痛いから飲む。飲んでスーッと治る。

念仏もその如く、レストランに食べ物（料理）のサンプルがたくさん並べてある。サンプルを眺めていても、お腹はふくれぬ。サンプルを見て注文して食べる。食べてお腹もふくれ、「ああ、おいしかった」となる。「功徳は行者の身にみてり」である。念仏の話では腹はふくれぬ。

念仏して成仏するのではない。今、成仏しているか。他人様の念仏の話を聴いても、私のお腹はふくれない。

蓮如さまは、一切の聖教というも、ただ「南無阿弥陀仏」の六字を信ぜしめんがためなりということろなりと仰せになっておられる。

薬の効能書きの小さな字は、一面、読まなくてもよいということかもしれない。

実物の薬を飲めということです。南無阿弥陀仏を食べることです。食べれば身に満ちます。身に満てば言葉は要らないのです。

ご開山さまが、

五濁悪世の有情の　　選択本願（南無阿弥陀仏）信ずれば
不可称・不可説・不可思議の　　功徳は行者の身にみてり

と明示された。

正廣　話は前後しますが、大谷大学時代、和子ちゃんの死について、厳しく言われたことがありましたが、もう一度、聴かせてください。

正遠　私が最初にお念仏をお勧めしたのは、九歳の女の子であった。和子といった。

北海道で両親も兄弟も結核で死亡し、和子一人が生き残り、京都の叔母さんのところに、バスケット一つ膝に乗せて一人、七つのとき、汽車で送られて来たのである。裏の納屋に両肺が真っ黒になり寝込むまでの、和子の生きるための悪戦苦闘は言語に絶した。私はその子を愛し、その子も私を「兄さん」と言って慕っていた。私の旅行中に倒れたのであるが、私はさっそく和子の納屋を訪れた。そのときの様相は、髪を振り乱し、まことに阿修羅の姿だった。

私は「お念仏を称えなさい」と言い続けた。

翌朝行ったら、観音の微笑となっていた。

「兄ちゃん、私、今まで心の中でお念仏していたのよ。しかし、お念仏のわけが分からなかったの」

それから数日後、和子は死んだ。

私の第一の善知識は和子である。

「大行とは無碍光如来のみ名を称するなり」

御当流は、念仏の申される身になるということが第一条件である。

自力とか他力とか、迷っているものが分かるはずがない。ただ称えることである。

あとは果遂のお誓いがちゃんとご用意してある。南無阿弥陀仏。

ただ念仏
「ただ念仏して弥陀にたすけられまいらすべし」

お念仏して、それからたすけられるのでなかった。
ただ「南無阿弥陀仏」と称えることがお助けであった。
お母さんと呼んで、それからたすけられるのでなかった。
お母さんと呼ぶことがお助けである。
「南無阿弥陀仏」と称えることがお助けである。

一度お念仏に摂取されると
「障り多きに徳多し」である。
困るほど、行き詰るほど、障りの多いほど
口を割って、お念仏は私を摂取に来てくださる。
まことに、「お念仏は無碍の一道」にてまします。
私は心筋梗塞で倒れた。
その瞬間は苦しいだけ、
少しおさまると、お念仏が口を割ってくださった。
とめどもなく口を割ってお出ましくださった。

「生涯かけて本願を問え」そして「お念仏を食べたか」の父の言葉もいまだいただかずに、宿題を出されたまま、流転空過しています。
含花未出のまま、あなたの帰浄された「ふるさと」へ旅立ちます。
九十余年間、ご苦労さまでした。
反逆の子をお許しください。
ただ「念仏申せよ」との遺言だけは忘れません。

正遠先生と「あや雲の会」

原　寛孝

初めての出遇い

藤原正遠先生・利枝先生ご夫妻に、はじめてお目にかかりましたのは、平成四年の秋、九月福岡県大木町の円照寺さまでございました。先生から、前もって丁寧なご案内をいただいて、お訪ねすることができました。

先生ご夫妻はすでにお着きになっておられ、ほかに長崎から佐々真利子さんはじめ、四、五人のお同行さまがおみえでございました。

正遠先生が「別府の原さんです」と簡単にご紹介くださったあと続けて、「原さん、どうしてこちらにおいでになったか、自己紹介を兼ねて、皆さんにお話してください」とおっしゃってくださいましたが、思いがけないことでありましたので、ためらっておりました。そこへ利枝先生から「如来の大命です」とお声をかけていただき、そのお声に促されて、悲しみを噛みしめながら、お話し申し上げました。

と申しますのは、実は前年の十一月に、三人の子どものうちただ一人の息子に先立たれ、深い悲しみに沈んで毎日を過ごしておりました。家内の悲しみは、それはそれは深刻で、朝は涙とともに起き、夜は涙とともに臥せるというような有様でございました。傍にいましても、慰める言葉も励ます言葉もありませんでした。

年が明けて、夏が近づいていた頃かと記憶していますが、ご縁がございまして、一緒に親鸞聖人の御教えを学ばせていただいておりましたお同行さまが二人、

「こんなにも大きな不幸を、どのように受けとめていらっしゃるか、心境を聞かせてくださいませんか」

と遠慮がちにお尋ねくださいました。

とっさに「これは家内にとっても、ありがたいご縁になる」と感じまして、お二人にお越しいただくようにお願いし、家内と四人で話し合えるようにいたしました。まず正遠先生がNHKの「こころの時代」でお話しになったビデオテープを見ていただき、息子の死によって体験した心の葛藤をお話しいたしました。

四人で話し合ったあと、家内は夢中で浄秀寺さまへ電話を差し上げたそうでございます。家内がどんなことを申し上げたのか全く存じませんが、

「秋に九州へ出講いたしますので、お宅へもお伺いするようにいたします」

とおっしゃってくださいましたのが、正遠先生・利枝先生、また長崎の佐々さんはじめ、多勢のお同行さま方とのご縁が開かれてくることになりました、最初の出遇いにつながったのでございます。以

来、お亡くなりになられるまで、毎年春と秋お越しいただいて、ご教化を賜わることになりました。

すべては大法の中

円照寺さまでの最初のお聴聞、お同行さま方との語らいにも同席させていただきながら、正遠先生・利枝先生とお同行さま方との間に流れる、温かいお心を感じておりました。

先生のお話は、親鸞聖人の深い御教え、如来さまの深いお慈悲のお心を、私たちに判りやすくお説きくださる、優しい風韻がございまして、とても和やかで、ほのぼのと心が温められ、いつの間にか安らかな気持ちにさせられていました。

先生のよくお話しなさっておられました、「雀はチュンチュン」「烏はカアカア」「西瓜と南瓜の話」「朝顔の話」「すべてお与えですよ」「総ては四分六分の選びですよ」「私たちは、如来さまのお決めあそばした日に、生まれさせていただいて、如来さまのご用を勤めさせていただき、ご用が済んだら、また如来さまのみ国に帰らせていただくのです」というお話が、思わず洩れる笑いとともに響いてまいります。優しい雰囲気までもが鮮やかに甦ってまいります。

円照寺さまから、大分県日田市の照蓮寺さまへお供して、前の年に先生が体調を崩され、一年間ご出講がなかったことをうかがって、このご高齢でよくご出講になられ、私どもへお運びくださったことと、感銘深く存じました。

ありがとう

私どもへお着きになられたとき、存じあげない方が五、六人お迎えに見えておられました。その方々に合掌して、「ありがとう」とご挨拶なさる正遠先生・利枝先生のにこやかなお顔が、とても強く心に焼き付けられています。先生ご夫妻がおくつろぎになるいとまもなく、皆さまが取り囲んでにぎやかにお話がはじまりました。

あとで伺いますと、先生は昭和三十五年から昭和五十年までの十五年間、毎年一度鉄輪温泉にご出講なさっておられ、その頃からのお同行さまでございました。お歓びと驚きが大きかったこともさぞかしと頷かれました。

旅のお疲れもおみせにならず、さっそく昼と夜の二席、ご法話をいただきました。円照寺さま、照蓮寺さまと同じように、温かい雰囲気の中で、平明な言葉を選んでの、先生ご夫妻のお話に、ご参会くださったお同行さまもすっかり心が和んで、惹き入れられていくようでございました。

この時の方々から、私の知らない正遠先生との交流の様子や、お聴聞の思い出などをうかがうことができました。その頃、全く正遠先生を存じあげなかったばかりか、お念仏の教えに耳を傾けようともしなかった私に、このようなご縁が開かれてくるとは、なんという尊いことでございましょうか。

「月に一度でもいいから、お宅で集まりを持ちたい」と皆さまからお話をいただき、私ども夫婦にとりましても望外の歓びでございました。その旨先生にお話し申し上げ、年に一度でもとご出講をお願いいたしました。正遠先生も利枝先生も大変喜んでくださいまして、「お茶飲み話で結構ですから、どうか長くお続けください」とありがたいお心配りまでいただきました。

あや雲の流る如くわがいのち永遠のいのちの中を流るる

さっそく家内とも相談いたしまして、法友と毎月第三火曜日の午後、例会を持つことになりました。会に名前をつけたほうがよいのではないかと考えまして、「あや雲の流るる如くわがいのち永遠のいのちの中を流るる」という正遠先生のお歌から頂戴して、「あや雲の会」とさせていただきました。

それから今月、平成十三年十二月まで、百十一回、一度の休会もなく続いてまいりました。正遠先生の据えてくださいました礎が、しっかりと支えてくださっているお蔭でと歓ばせていただいております。先生の最晩年に発足できました、十人ほどのささやかな会でございますが、先生のお歌のように、「永遠のいのちの中を流るる」会であり続けたいと念願いたしております。

お念仏がお出ましになりますか

正遠先生は、ご法話の中でよくこのようにおっしゃっておいでになりました。「お念仏がお出ましになれば、それでいいのですよ」と。お念仏を仰ぎ、お念仏を歓ばれる先生の、日常のご生活の中から滲み出てくる、お念仏讃嘆のお念仏と存じます。初めて先生をお迎えいたしましたとき、ご法話の休憩時間にしみじみと、

「原さん、お念仏がなかったら、ほんとに大変や」

とおっしゃってくださいましたことが、耳の底に残っております。そして思い起こすたびに、「ほんとにそうでございますね」と先生とお話しさせていただいております。

お念仏がすべてを摂取してくださいます

「人間の、私たちの悲しみも悩みも、すべて大悲の中に摂取されて、安らかな心にしてくださる。それが如来さまの大きなお慈悲なのです」

ということも、いつもいつもおっしゃってくださいました。その度に、家内も私も、なにかホッと心が安らぎました。

お念仏のお話なら朝まででも

正遠先生が九十歳におなりの頃であったかと存じます。夜の座談会でお話がはずんで、予定の時間が過ぎてしまいました。お疲れではと存じまして、「終りにいたしましょうか」と申し上げましたところ、にっこり微笑まれ、「お念仏のお話なら朝まででもかまいませんよ」とおっしゃられて、びっくりしたことがございました。

合掌のお姿

先生は、どんな時にも合掌してご挨拶なさいました。お帰りになられるときには合掌して、

「ありがとう。おいのちを賜わりましたら、またお目にかかりましょう。どうぞお大事にね」

とおっしゃられるのが常でございました。

先生とお別れのお通夜のとき、池田勇諦先生からいただきましたお言葉をご紹介して、結びといたします。

「正遠先生は優しい人でした。

正遠先生は温かい人でした。

先生の教えを私なりに整理してまとめますと、次のように五つになります。

一、判らないから南無阿弥陀仏です。

一、間に合わないから南無阿弥陀仏です。

一、身も心も間に合わないから南無阿弥陀仏です。

一、親も子も間に合わないから南無阿弥陀仏です。

一、南無阿弥陀仏も間に合わないから南無阿弥陀仏です」

合掌（平成十四年一月十九日正遠先生祥月命日に）

地獄の下の阿弥陀さま

谷　栄子

旅行でご一緒した中のお一人に西尾正子さんという方がおられました。

この方は正遠会の会員で私を佐々さんに会わせたいと再三おっしゃってくださいますが、そのころ私には尊敬するご講師がありましたので、お断わりしておりました。

ところが、今度石川県から佐々さんの先生が来られるので一度聞いてみたらとのお勧めです。一度聞きさえすればお役目が済むくらいの気持ちで、会場である原爆保養所立山荘にまいりました。十畳ほどの二部屋を襖をはずした会場にはいっぱいのお方が所狭しと座っていらっしゃいました。その後ろに居て、どんなお話をされるのかなあと、今思いますと不遜極りないことでございました。

いつも聞かせていただきますお話とは全く違っておりました。そして聞きなれないお言葉、本当に日常の言葉で、これが仏法のお話かしらと思う感じでしたが、一つ心に掛かったのが、地獄の下の阿弥陀さまでした。

お寺友達の宮崎盛子さんは先生のお歌、
疑って念仏すれど往生す　南無阿弥陀仏にみ薬ぞある

小さい時から仏さまは疑ってはいけないと聞かされてきたのに、疑ってよいとはどういうことと、二人で話し合っていても結論は出ませんので、二人して正遠会に入れていただきました。

今まで聴聞したお話は、人には末那識《まなしき》、阿頼耶識《あらやしき》という深層意識、意識以前の意識があることなど理解しにくいお話もございましたが、正遠先生のお話はそんな難しい仏語はひとつも出てきません。困ったら南無阿弥陀仏、悲しかったら南無阿弥陀仏、切なかったら南無阿弥陀仏、仏さまのお名前を南無阿弥陀仏といいますから、お母さんと呼ぶように呼びなさいとのお話です。

でも南無阿弥陀仏と言っても今の悲しみ苦しみは自分で努力しないことには解決はつかないのではと思っておりました。

だんだんにお聞かせいただいておりますと、先生の仰せではお念仏に遇ったら、やるだけやったら後はおまかせ、遇わないうちはやけっぱちですとのお言葉でした。

佐々真利子さんとおっしゃる方は四十年以上先生一筋に聞いてこられた方です。そして先生とのお手紙をまとめられて『慈愛の中に』と、先生のお育てをご本にされた方です。二歳の頃の小児麻痺で足が立たず、不自由な方でした。それでも気持ちのしっかりして気質の強い方でした。

この方のお言葉によって今まで聞き固めてきた私の心は微塵に砕かれて、身の震う思いをいたしました。

毎日曜日、お寺の帰りにお寄りしてお座が開かれるのですが、宮崎さんも心傷い思いがあったのでしょう、「また来る?」と帰りに聞かれて、私は「また行く。この震えのままでは自分自身が落ち着かないから」と申しました。

そして気づかせていただきましたことは、教学的なお話と体解の上でのお話があることでした。正遠先生のお話は苦悩に焦点が当てられたお話であることに気づかせていただきました。

お釈迦さまも四苦八苦の苦悩、親鸞さまも煩悩具足故の苦悩、人間みな四苦八苦の日暮らしであることが共通点であること、その苦を通してお釈迦さまはお悟りを得られ、それを正覚といい、親鸞さまは等正覚と申されてあります。

正遠先生は、等は正覚と等しいのです、一段下ではありません、私もお釈迦さまと同じでなかったら嫌だと、駄々っ子のような言い方をされたことが印象的でした。

日曜法座のとき、光源寺さまが遠藤周作氏のご本『沈黙』の中の踏絵についてお話がありました。

そのことで佐々さんから質問を受けました。

「あなただったら、マリアさまを南無阿弥陀仏のお名号か御絵像であったら踏めますか」

と、私はちょっと考えましたが、

「やっぱり躊躇しますね」

と申したのです。言下に、

「まだ親さまに抱かれてないですね。親ですもの踏め！　踏んで生きよって親さまは言ってらっしゃるの、踏んで生くべきよ、私は踏める」

と激しい口調でした。私は胸を突かれた思いでした。それ以来、この方にぴったり付いて回ろうと思いました。

佐々さんは「慈愛の中で」を主題としてテレビ「心の時代」に金光アナウンサーと対談なさってから、あちこちから招聘がありまして、お出かけが多くなったのです。私はそのつど車椅子を押してお供させていただいて、その時その時のお出ましのお言葉のご縁をいただきました。

正遠先生は平成九年一月十九日お浄土へお還りになりました。佐々真利子さんも先生の後を追うように同じ年の十二月二日に逝かれました。佐々さんの遺品の中の小さなメモ帳、それはいつも肌身離さず持っていらしたものです。その中に「先生の御教え」と書かれて、

一、教えてになるな
一、こちらでは一つも結論を出さんの
一、人の話の中に割り込むな
一、人の話を先取りするな
一、分ったようなことを喋りおうてそれで立派になったように思うほど意味がないのや

先生の御歌
一億の中の一人の君に遇い　四十年の日は経ちにけり

のお歌をいただかれて喜びとともに一生の支えであられたことと思います。

最後の頁に書かれてありました。

先生の仰せ
　分るのですけど頭で受け取っている
・頭で受け取っているを捨てなさい
　意識以前に出ている煩悩
・意識以前の世界から喚ばれてる念仏ですから意識では解決つかない。
毎朝のお勤めにご和讃をいただきます。その朝は「正像末和讃」の中の、
　如来の作願をたずぬれば　苦悩の有情をすてずして
　廻向を首としたまいて　大悲心をば成就せり
をいただき、終わりましたとき、ふっと大悲心は私の上に成就してくださったんだと思いもよらないお心が届いてくださいました。そして次に浮かんできましたお言葉、「お文」さまの第十通「聖人一流」の中の「不可思議の願力として仏の方より往生は治定せしめたまう」でございました。仏の方より、仏の方より、と繰り返し繰り返しほとばしるように口をついてお出ましくださるのです。そしていつの間にか「ありがとうございました」と申し上げておりました。
　それ以来、理屈も何もいらなくなり、肩の荷が下りたようです。実に楽になりました。
　正遠先生は「一切仏さまのお与えや」と仰せでございました。
　印象に残りますお話の一つに「舌きり雀」のお話があります。私は、ただ昔話と思っておりましたが、これは仏法のお話ですと申されて、お爺さんは世帯の面倒を考えなくていいから小さく軽いつづ

らで済むけれども、お婆さんは欲張りと思われてもガラクタでも何でも重いほうをもらって帰ると、瓦のかけらも子どもの遊び道具になるのです。だからもらって帰るのです…と。

善悪で落としめていたお婆さんの立場に光を当てて、「仏法は善悪を言わんのや」と教えていただきました。

まことに遇い難き先生にお遇いできました幸せをしみじみありがたく思うことでございます。

南無阿弥陀仏

一期一会の握手

助田　小芳

生き死には花の咲くごと散るがごと　弥陀のいのちのかぎろいの中　遠

正遠先生のお書きくださったお歌の、この色紙は私の机の前にあり、いつも私に呼びかけてくださっています。

正遠先生のみ教えを、いつもいつもお聞かせいただき、深いご縁を賜りました。

思えば昭和四十八年より先生の御著、または歌集など、タイプ印刷させていただいたおかげで、一層のご縁に遇うことができました。

先生の文字は、お人柄のように柔軟で温かく読みやすく、タイプを打っている私のこころをいつも包んでくださいました。

また、先生はどんな人にも、どんな質問にも、おだやかに気長にお答えになりました。あるとき、長い年月を先生のご法話を聞いておられる方が、なぜか愚痴っぽく問われたことがありました。

「〇〇さん、あなた、まだそんなこと言っているんですか」

と言われたときの、先生の寂しそうなお顔を、私は初めて見ました。

「今ごろ何を言っているんだ‼　長い間何を聞いていたんだ‼」と、お叱りにはならず、なんとも言えないお寂しいお顔でした。それは、お側にいた私へのお言葉でもありました。お叱りにならないのをいいことに、あまりにも甘えていた私たちへのお嘆きだったのでしょう。聞法の態度、甘さを思い知ることでした。

先生にお会いして帰るときは、いつも玄関までお見送りくださり、そのやわらかい大きい掌で包むように握手してくださいました。

「一期一会だよ」、先生の手は言葉でなく、そう語っておられたと思います。

また、藤原正遠先生を偲ぶとき、おのずと私は佐々真利子さんを思い出します。佐々真利子さんが存命ならば、原稿用紙の何十枚も先生のお徳、ご恩をお書きになったことでしょう。

佐々真利子さんが『藤原正遠師の慈愛の中に』というご本を上梓されたのは、昭和五十五年でございました。私どもに印刷製本のご下命をいただきまして、出来上がると軽自動車に積んで、主人が運転で鯖江からはるばる九州長崎まで持参いたしました。

初めての長崎でした。ここでは「長崎正遠会」があることを知り、先生を囲んでの聞法会が盛んなことも承りました。

佐々真利子さんは、二歳の頃、脊髄性小児麻痺になられ、また昭和二十四年一月には結核性脊椎カリエスにかかられたそうです。絶対安静の長い年月、その懊悩は、はかり知ることができません。その悶々の若き日、藤原正遠先生にご縁を得られたのです。

そして真利子さんは、自分の不具の身を、「いったい何のために生きてるのか、人生の意義が分からぬし、これから先、何年人に迷惑をかけて生きねばならぬかと思うと気も狂うほどだ」と訴えられました。

先生はそのとき、「あなたは、自分が不具だ、不具だと言うが、どこが不具かね。それは人と自分を比べればね、でもみかんの味と、りんごの味と、どう比べるの。比較できないものを、比較するところにいろいろの病気が生まれるのです」と静かにおっしゃいました。

真利子さんに、それは青天霹靂のお言葉だったことでしょう。いつも比較の世界にいる私にも痛い一撃でした。

真利子さんは、そのことをきっかけに徐々に聞法のご縁が深まっていかれたようです。その後何十年、藤原正遠先生をひたすら真の師と仰ぎ、いつも身近に聴聞されていました。正遠先生亡きあと、まるで追うように真利子さんも逝かれましたが、そのお姿は、師と共に私たちをお導きくださいます。

正遠先生のみ歌三首を掲げます。

このままの救いなりしを知らしめし　摂取の大悲ただに尊とき
大転換せしと思えば大転換せしといふ　我残るがかなし
捌く人我に残れば高慢の角とげとげしき　我と知るべし

執筆者紹介

金光寿郎（かねみつ　としお）
一九二七（昭和二）年生まれ。岡山県出身。
放送ディレクター。
現住所　川崎市高津区

三上正廣（みかかみ　まさひろ）
一九三六（昭和一一）年生まれ。石川県出身。
福井刑務所教誨師。真宗大谷派同朋会館教導。
真宗大谷派恵徳寺住職。
現住所　福井市宝永

原　寛孝（はら　ひろたか）
一九三〇年（昭和五）年生まれ。大分県出身。
「語らいのやど三晃」主人。
現住所　別府市風呂本五組

谷　栄子（たに　えいこ）
一九二一（大正一〇）年生まれ。熊本県出身。
現住所　長崎市坂本

助田小芳（すけだ　こよし）
一九一七（大正六）年生まれ。福井県出身。
現住所　鯖江市柳町

藤原正遠講話集　第三巻　法爾一

二〇〇二年五月一五日　初版第一刷発行

著　者　藤原正遠

発行者　西村七兵衛

発行所　株式会社　法藏館
京都市下京区正面通烏丸東入
郵便番号　六〇〇-八一五三
電話　〇七五-三四三-〇〇三〇（編集）
〇七五-三四三-五六五六（営業）

印刷・製本　中村印刷株式会社

ISBN 4-8318-4502-7 C3315

藤原正遠講話集　全五巻

第一巻―『正信偈』依経分の講話と、『愚禿悲歎述懐和讃』などの解説を収める。正遠師の世界が、聖教によって語られる。

第二巻―正遠師の世界がよく表された講話を精選して収録。人間の分別を破って大法の世界に生きることの安らかさを説く。

第三巻―『法爾』誌に発表された昭和五一年から昭和五九年までの文章を収録。正遠師の世界が色々なことによせて語られる。

第四巻―『法爾』誌に発表された昭和六〇年から平成五年までの文章を収録。最晩年の正遠師の世界が語り出される。

第五巻―昭和六年から最晩年まで、生涯を通して作られた数多くの歌の中から、藤原利枝師が五〇〇首を精選して収める。